novum pro

Karla Weller

Einmal *Hawaii* und zurück

Eine Reise zur Selbstfindung zwischen Spiritualität und den Niederungen und Wirrungen des irdischen Lebens

novum pro

Bibliografische Information
der Deutschen Nationalbibliothek:

Die Deutsche Nationalbibliothek
verzeichnet diese Publikation in
der Deutschen Nationalbibliografie.
Detaillierte bibliografische Daten
sind im Internet über
http://www.d-nb.de abrufbar.

ISBN 978-3-95840-147-1
Lektorat: Dr. Annette Debold
Umschlagfoto: Karla Weller
Umschlaggestaltung, Layout & Satz:
novum Verlag
Innenabbildungen: Karla Weller (14)

Gedruckt in der Europäischen Union
auf umweltfreundlichem, chlor- und
säurefrei gebleichtem Papier.

www.novumverlag.com

Nur diejenigen,
die es wagen, weiter zu gehen als sehr weit fort,
können herausfinden,
wie weit sie wirklich gehen können.

(Sergio Bambaren)

Dezember 2012. Ein eisiger Wind herrschte in Shanghai und machte das Atmen mit der verdreckten Luft in den Straßen noch schwieriger und unangenehmer. Mit jedem Atemzug hatte man das Gefühl, sich selbst zu vergiften, und nur die Verwendung einer einfachen Stoffmaske konnte bewirken, dass man sich überhaupt zwang, den nächsten Zug immer und immer wieder zu tun.

Wie konnten Menschen hier überhaupt existieren? Der Verkehr war ein undefinierbares Chaos, überall hupte es. Als Fußgänger war man das erklärte Ziel eines jeden Fahrzeugs, egal ob mit oder ohne Motor, mit einem, zwei oder mehr Rädern. Ganz gleich, jeder hatte hier mehr Rechte auf der Straße als der Fußgänger. Große Autos vor kleinen Autos, teure vor Blechschleudern, und selbst wenn man glaubte, bei grüner Ampel sich einigermaßen durch den trotzdem rollenden Verkehr bewegen und die Straße überqueren zu können, lief man noch Gefahr, von einem Rollstuhlfahrer überrollt zu werden.

Ich war mit meinem Ehemann hierhergereist, um – ironischerweise – eine Sauerstofftherapie durchzuführen. Eine Therapie, die zwar in Deutschland auch angeboten wurde, aber zu einem verglichen mit Shanghai astronomisch hohen Preis. Deshalb hatten wir uns kurzerhand zwei Flugtickets besorgt, ein Hotel gebucht, und hier waren wir nun. Die Frage war nur, ob zwei Stunden Sauerstoff am Tag bei zweiundzwanzig Stunden Einatmen von dreckiger Atemluft eine gesundheitliche Verbesserung bringen konnten.

Meine Freundin Bianca hatte uns für eine Woche begleitet. Sie musste dringend zu Hause mal raus, weil das Zusammenleben mit ihrem On/Off-Verlobten wieder unerträglich geworden war. Mir war ihre Begleitung überaus willkommen, denn zu dritt waren viele Dinge, wie zum Beispiel das Heranwinken eines Taxis, deutlich einfacher zu bewerkstelligen, und es machte in ihrer Begleitung auch viel mehr Spaß, Shanghai zu erkunden.

Bianca lag gewöhnlich bis mittags im Bett, während Gerd und ich zum Frühstück in den Speisesaal des sehr gepflegten Hotels gingen und uns anschließend für die Behandlungstermine fertig machten. Gerd musste täglich um 13 Uhr für seine zweistündige Sauerstofftherapie in der Klinik sein, während ich mich für Akupunktur und Chinesische Massage angemeldet hatte. Wenn es sein Zustand zuließ, fuhren wir anschließend mit dem Taxi an den *Bund* oder zur *Nanjing Road*, einer der größten Einkaufsstraßen der Welt. Ein anderes Mal besuchten wir die *Old Town*, wo wir uns mit den Händlern um den Preis von Essstäbchen oder einfachen Musikinstrumenten aus Holz kabbelten.

Bei diesen Ausflügen war Bianca dann immer dabei, und weil für sie der Tag erst so spät begann, wollte sie natürlich nicht gleich mit uns zurück ins Hotel, wenn Gerd nach kurzer Zeit erschöpft war, sondern begab sich allein auf Entdeckungsreise durch die riesigen, glamourösen Malls, durch die exquisiten Designer Stores, die Tür an Tür lagen, aber auch in die halbseidenen Gassen von Shanghai. Und derer gab es etliche. Überall erstand sie schicke Ensembles, mal einen Pulli, mal ein Schmuckstück. Oft fand sie auch etwas Schönes für ihre Lieben zu Hause.

Einmal war sie um 23 Uhr noch nicht zurück, und ich begann, mir Sorgen zu machen. Natürlich war mir bewusst, dass Bianca ein Nachtschwärmer war und sie sich immer und überall zurechtfand, aber da die meisten Geschäfte um 22 Uhr schlossen und wir uns ja immerhin in einer Millionenmetropole aufhielten, wurde ich doch langsam unruhig. Wo mochte sie nur stecken?

Kurz vor Mitternacht huschte sie dann in unser gemeinsames Hotelzimmer, man konnte ihr das Herzklopfen richtig ansehen. Glücklich und aufgeregt erzählte sie von ihren Einkaufserlebnissen in der *Xu Jia Hui Shopping Area*. Da hielt sie mir plötzlich freudestrahlend ein *Prada*-Täschchen entgegen, welches sie für mich erstanden hatte! Sündhaft teuer – aber für ihre beste Freundin gerade gut genug, wie sie bemerkte!

Zwischen Arztterminen und Erlebnis-Shopping mussten dann auch mal die E-Mails gecheckt werden, und da tauchte er auf, der Newsletter von *Jeanne Ruland* mit dem Hinweis, dass im August eine Seminarreise nach Hawaii angeboten würde. Spontan wusste ich: Da muss ich mit! Und augenblicklich hatte ich mich zur Teilnahme angemeldet, obwohl es zu dem Zeitpunkt noch nicht einmal eine Teilnehmerliste gab.

Als meine Freundin das mitkriegte, meinte sie nur: „Hawaii ist eigentlich mein Thema – schon lange beschäftige ich mich mit dem Gedanken an eine Reise auf die Inseln, und deswegen sollte ich da auf jeden Fall mit!" Gesagt getan, zwei Anmeldungen kamen aus Shanghai nach Deutschland für die Reise nach Hawaii. Warum auch nicht? August war sowieso Urlaubszeit, also müsste sich das mit meinem Job auf jeden Fall vereinbaren lassen.

Tatsächlich steckte bei Bianca allerdings noch mehr dahinter, als der bloße Gedanke an eine Urlaubsreise nach Hawaii. Sie wünschte sich eine Hochzeit auf der wunderbaren Insel. Also war das doch auch eine großartige Gelegenheit, die Gegebenheiten mal vor Ort zu begutachten und eine Hochzeitsplanung vorzunehmen! Eine Zeremonie barfuß am Strand, ein duftiges weißes Kleid, dessen Stoff sich im Wind kräuselt, mit einem Blumenkranz um den Hals …

Fast acht Monate später war es dann so weit: Wir saßen – zu viert – im Flieger nach Hawaii. Aus unserer gemeinsamen Seminar-Selbstfindungsreise war ein „Familienurlaub“ geworden, denn auch der On/Off-Verlobte Roland und Biancas sechzehnjähriger Sohn Max mussten nun ganz spontan mit auf die Insel. Warum auch immer?! Roland sollte dort golfen, und darüber hinaus hatte Bianca urplötzlich Bedenken, ihren Max für ganze drei Wochen allein zu Hause zu lassen.

Dass wir irgendwann überhaupt gemeinsam pünktlich im Flugzeug saßen, war ein kleines Wunder, denn am Tag zuvor erhielt Roland vom Reiseveranstalter einen Anruf, dass auf Hawaii ein Sturm tobte und deshalb bis einschließlich kommenden Mittwoch keine Flüge dorthin starteten. Als meine Freundin mir erst am nächsten Tag von diesem Telefonat erzählte, saß ich schon so gut wie im Zug unterwegs zum Flughafen München. Ich konnte einfach nicht glauben, was sie mir da erzählte. Ich wollte keine Verzögerung akzeptieren und trat meine Reise trotzdem an.

Der Flug München–Frankfurt–San Francisco sollte nach Auskunft des Reisebüros planmäßig verlaufen, und wenn es dann doch nicht weiter ginge, könnte ich notfalls ein paar schöne Tage an der Westküste verbringen. Da wollte ich schon lange mal wieder hin, und so kam mir das Schicksal in Form eines Sturms auf Hawaii eigentlich fast schon entgegen.

Als ich meine Reisedokumente ein letztes Mal kontrollierte, fiel mir plötzlich auf: Ich hab meiner Mutter gar nicht Bescheid gesagt … – ich hab überhaupt niemandem gesagt, dass ich für drei Wochen verreise! Warum? Hatte ich Angst, jemand könnte mir die Idee schlechtreden – oder hatte ich einfach keine Lust, mich überall und vor jedem zu rechtfertigen? Verdammt! Ich war schließlich erwachsen und brauchte kein „approval“ von niemandem! Aber vielleicht wäre es doch vernünftig, sich abzumelden? Also, schnell die Nummer meiner Mutter ins Telefon getippt. „Mama, ich wollte dir nur kurz sagen, dass ich jetzt nach Hawaii fliege. Mein Zug geht in zwanzig Minuten. Ich bin in drei Wochen wieder zurück. Mach’s gut!“ So, das wäre erledigt. Wer fährt mich jetzt bitte zum Bahnhof?

Als ich am Freitagnachmittag pünktlich in München ankam, war meine Freundin Bianca nicht da. Sie hatte darauf bestanden, mich am Bahnhof abzuholen, musste jetzt aber ganz dringend abends um 19 Uhr mit Vielflieger Roland noch Kompressionsstrümpfe kaufen. Die Tage davor war für so was einfach keine Zeit geblieben. Also fuhr ich mit der Straßenbahn weiter bis zu Biancas Wohnort.

Dort öffnete mir Biancas Sohn Max die Tür. Er hatte die Order erhalten, Abendessen vorzubereiten – hatte er aber nicht getan. Also stellte sich Bianca – als sie schließlich nach dem käuflichen Erwerb von völlig überteuerten Kompressionsstrümpfen entnervt zu Hause eintraf – in die Küche und briet uns Maultaschen mit Ei zu einem leckeren bunten Salat. Ich war überrascht! So kannte ich sie gar nicht!? Völlig neue Seiten an meiner Freundin. Seit wann konnte sie auch Hausfrau? Aber egal, Hauptsache, lecker Essen!

Am Samstagmorgen um sechs dann die nächste Krise: Der Kühlschrank stand noch randvoll mit Bio-Joghurt, Bio-Schlagsahne, Bio-Käse aller Art. „Mensch, Roland! Warum hast du die guten Sachen auch nicht aufgegessen? Jetzt kann ich die alle wegschmeißen!“, jammerte Bianca, und schon flogen etliche Bio-Milchprodukte in die Bio-Tonne. Schade drum! Aber seit wann hatte Bianca überhaupt sooooooo viele Lebensmittel zu Hause? Interessant! Die Bianca, die ich bis dahin kannte, ernährte sich vorzugsweise aus Tüten mit Chips und Gummibärchen. Roland überhörte ihren Vorwurf geflissentlich und bereitete sich in aller Seelenruhe einen Kaffee zu.

Alsbald wurde das Gepäck verladen und Rolands Sohn Christopher brachte uns mit dessen SUV zum Flughafen: Max, Bianca und ich wie die Ölsardinen auf der Rückbank mit Rolands Golfgepäck auf dem Schoß und unzähligen Koffern und Reisetaschen im Genick. Bei einem waghalsigen Überholmanöver machten sich diese auch gleich selbständig und drohten, das Fahrzeug aus eigener Kraft zu überholen. Der Puls stieg, die Laune sank proportional dazu.

Zum Abschied am Gate gab’s dann noch ein paar bissige Bemerkungen von Bianca, die aber niemand zur Kenntnis zu nehmen schien, und irgendwann hatten wir mitsamt 20 kg Übergepäck auch schon eingecheckt und fanden alle vier im Flieger von München über Frankfurt nach San Francisco Platz.

Damit Bianca und ich uns in Ruhe unterhalten konnten, setzte sich Roland jeweils zu Max. Und so erhielt ich die nächsten paar Stunden intime Einblicke und unschöne Szenen einer noch nicht geschlossenen Ehe erzählt. Ich fragte mich insgeheim, ob Bianca immer noch an ihren Hochzeitsplänen festhielt.

In San Francisco war zwar überall vom großen Sturm auf den Inseln die Rede, aber das Schlimmste war wohl schon überstanden, und der Flugverkehr nach Hawaii wurde wieder aufgenommen; also blieben uns genau fünf Stunden Aufenthalt für eine kleine Stadtrundfahrt.

Der Gedanke, spontan mit dem Taxi zum *Pier 39* zu fahren, war zwar toll, aber im Nachmittagsverkehr kamen wir nicht wirklich voran, sondern blieben eher stecken, sodass wir lediglich die *Golden Gate Bridge* „von hinten" aus einer Baustelle heraus zu sehen bekamen. Der Preis fürs Taxi lag trotzdem bei über 100 Dollar. Da wäre eine Postkarte von der berühmten Brücke deutlich billiger gewesen und hätte uns zudem einen schöneren Anblick gewährt.

Wir hatten gerade noch dreißig Minuten für einen kleinen Imbiss in einem Café an der *Fisherman's Wharf* – aufgrund der Eile leider indoor und ohne Meerblick. Da Roland die Kosten fürs Taxi übernommen hatte, bestand ich darauf, den Lunch zu bezahlen. Es war mir wichtig, dass Roland mich nicht als ein lästiges und kostspieliges Anhängsel betrachtete, sondern als einen vollwertigen Partner dieser Reise. Selbstredend hatte ich meinen Anteil der Reisekosten ohnehin schon bezahlt, und genauso würde ich alle Kosten während der Reise übernehmen, die für meine Person anfielen. Als ich meinen Standpunkt am Pier mitteilte, schaute mich Roland zwar befremdet an, akzeptierte aber dann, dass ich die Rechnung übernahm. So weit, so gut!

„Watch out for the storm" und „Stay safe" riefen uns die freundlichen Officers am Flughafen zu. Ich winkte lachend ab, denn zu dem Zeitpunkt dachte ich noch, es sei vom Wetter die Rede und nicht von meiner Beziehung zu meinen Mitreisenden. Aber die Spirits auf Hawaii warteten wohl schon voller Vorfreude auf uns.

Nach weiteren fünf Stunden Flugzeit landeten wir planmäßig auf dem Flugplatz von *Kona* auf *Big Island* – und ich musste feststellen, dass ich komplett die „Herrschaft" über meine Seminarreise abgegeben hatte, weil ich überhaupt nicht über irgendwelche Details informiert war. Während ich es bei der Anreise noch als eine nette Geste von Roland gesehen hatte, dass er allein die genaue Flugroute kannte und für alle vier Reisenden die Bordkarten hortete, die er immer erst beim Einchecken an uns austeilte, ließ sich nun erahnen, dass dahinter ein Plan steckte, und zwar dergestalt, dass nur er allein über alle wichtigen Informationen verfügte, während Bianca, ihr Sohn und ich wie unmündige Kleinkinder hinter ihm herdackeln durften. Roland aber hatte die Macht!

Das Mietauto war bei Avis gebucht, natürlich auf seinen Namen, ein zweiter Fahrer wurde nicht eingetragen, die Adresse des Hotels und die Anfahrtsbeschreibung kannte nur Roland allein. Er hatte im Frühjahr die Reise für die ganze Gruppe gebucht und mir lediglich ein oder zwei Angebote per E-Mail weitergeleitet. Die tatsächlichen Reiseunterlagen hatte ich nie erhalten, hatte mich allerdings auch gar nicht darum gekümmert.

Aus irgendeinem mir nicht ersichtlichen Grund hatte er auf ein GPS verzichtet, sodass wir uns nun im nächtlichen *Kona* auf die Suche nach einem Hotel machten, dessen Namen ich bis dahin noch nicht einmal kannte. Nun denn, es hätte sowieso nichts gebracht, denn ich saß zusammen mit Max auf der Rückbank des *Ford*-Geländewagens, und zwar wieder einmal mit Rolands Golftasche auf dem Schoß. Und da es eh schon dunkel war auf der Insel, konnten Max und ich durch die getönten Scheiben im Fond von der Gegend überhaupt nichts erkennen. Na schön. Im Flieger wussten wir ja auch nicht, wo es hinging, Hauptsache, der Pilot kannte den Weg.

Nur war das jetzt leider nicht der Fall. Wir irrten bereits eine geschlagene Stunde über die Insel – das Gewicht des Golfgepäcks wurde allmählich unangenehm, und ich sah mich schon mit blauen Flecken auf den Oberschenkeln am Strand liegen – und es war immer noch keine Hotelanlage in Sicht. Also begann ich endlich, unsere Schutzengel um Hilfe zu bitten, sie möchten Roland den Weg zeigen, und tatsächlich war es irgendwann so weit, und wir standen vor der verschlossenen Schranke einer Hotelanlage. Notgedrungen warf Roland nun endlich einen Blick in seine Buchungsunterlagen und musste feststellen, dass darin eine detaillierte Anfahrtsbeschreibung zu finden war, zusammen mit dem Code für die Schranke und dem Safe an der Registrierung „for late arrivals", wo auch unser Wohnungsschlüssel deponiert war. Wie schön, dass Roland über all diese Informationen verfügte, sie nur leider bislang nicht genutzt hatte.

Es war schon fast Mitternacht, als wir endlich in unser Apartment gelangten. Dafür wurden wir nun jedoch mit einer wunderschönen Wohnung belohnt, geschmackvoll eingerichtet, riesengroß, mit einem wunderbaren überdachten Balkon, der sich über zwei Seiten der Wohnung erstreckte. Dieser konnte vom Wohnzimmer und vom Master Bedroom aus betreten werden, und genau dieses Schlafzimmer war natürlich Roland vorbehalten. Wem sonst? „Ich kann es Roland nicht zumuten, in einem kleineren Bett zu schlafen!", säuselte meine Freundin nur, als ich ihr einen fragenden Blick zuwarf.

Also habe ich das zweite Schlafzimmer bezogen, aber wohin mit Max? Er konnte ja schlecht mit seinen Eltern das Zimmer teilen oder bei mir unterkommen, zumal das zweite Zimmer nur über ein Queensize-Bett verfügte. Wie meist wusste Roland Rat und entschied nun, am nächsten Tag bei *Wal-Mart* ein zusätzliches Bett zu kaufen. Bis es soweit war, sollte der Junge auf dem Sofa schlafen.

Daraufhin aber brachte Bianca ihr ausgeprägtes organisatorisches Talent ein und schlug vor, die erste Nacht bei mir im Zimmer zu schlafen und Max bei Roland im großen Bett. Mir war bei dem Gedanken gar nicht wohl. Roland war deutlich nicht begeistert, hielt sich aber mit Mühe zurück, und Bianca setzte sich durch. Irgendwann fielen wir dann alle erschöpft in unsere Betten.

Am nächsten Morgen stieg Bianca aus dem Bett und ging in den Wohnraum hinüber. Ich wunderte mich ein bisschen darüber, denn normalerweise war sie vor Mittag nicht aus dem Bett zu kriegen, zumindest nicht freiwillig. Das wusste ich ja noch aus Shanghai, ein paar Monate früher. Egal. Plötzlich tauchte sie noch mal auf, lächelte verlegen und zog die Schlafzimmertür hinter sich zu. Was hatte das jetzt zu bedeuten? Schon bald musste ich erkennen, dass Roland nun „sein Recht einforderte" und seine Partnerin für eine kurze Minute in der Küche „gebrauchte". Wie sich nun herausstellte, konnte er zwar allein einschlafen, aber nicht allein aufwachen. So langsam hatte ich das Gefühl, dass die Entscheidung, ihr Zimmer mit mir zu teilen, eher eine Flucht vor Roland war als ein Beweis unserer Freundschaft. Nur leider hatte diese Flucht dann in der Küche ein jähes Ende genommen. Nun, das musste sie selber am besten wissen, denn schließlich wollte sie diesen Mann ja heiraten, und zwar am liebsten auf Hawaii.

Nach einem kurzen Gespräch mit der Rezeption wurde uns zugesichert, dass schon am nächsten Tag ein Luftbett im Apartment aufgestellt würde – mitten im bis dahin wirklich großzügig geschnittenen Wohnzimmer. Na ja, das sollte für die drei schönsten Wochen im Jahr kein Problem sein. Außerdem hatten wir eh nicht vor, die Ferien ausschließlich in der Wohnung zu verbringen, sondern wollten schließlich was erleben! Dass Max grundsätzlich seine Nächte am PC verbrachte und tagsüber schlief, wenn wir uns im Wohnzimmer aufhielten oder unsere Mahlzeiten auf der Terrasse einnehmen wollten, war eher suboptimal. Doch bevor wir darüber länger nachdachten, wollten wir uns zunächst einmal etwas fürs Frühstück besorgen, denn der Kühlschrank war ja noch ganz leer. So durften am Sonntagmorgen Bianca und ich tatsächlich mit dem SUV los und im nahegelegenen Supermarkt das Nötige einkaufen. Für Eier, Schinken, Käse, Kaffee und Milch wurde ich gleich mal über 100 Dollar los! Der Supermarkt befand sich auf dem Gelände der Ferienanlage und verlangte entsprechende Preise. Der Durchschnittshawaiianer würde hier sicher nicht einkaufen. Aber im Moment hatten wir ja keine Option.

Gemeinsam bereiteten wir ein leckeres Frühstück zu und freuten uns über das wunderbare Wetter, die traumhafte Aussicht von der Terrasse beim Essen und schmiedeten Pläne für unseren ersten Ferientag.

Später erkundeten wir mit dem Auto die Insel. Ich wollte direkt ans Meer, aber irgendwie schaffte es Roland, ausschließlich Straßen zu befahren, die mitten durch Lavagestein führten, ohne dass vom Meer etwas zu sehen war! Ich hatte mir geschworen, nicht einen einzigen Tag vergehen zu lassen, an dem ich nicht am Wasser gewesen war, und beschloss deshalb, später allein zum Strand zu wandern. So weit konnte das ja nicht sein.

Irgendwann landeten wir bei unserer Spazierfahrt in einem Supermarkt, und hier blühte Roland nun auf: Es wurden gleich mehrere Tüten Lebensmittel eingekauft. Zwischen den Regalen stehend hielt mir Roland eine Riesenpackung tiefgekühlte Shrimps vor die Nase. „Schmeckt dir das?" „Wenn ich es nicht selber zubereiten muss, auf jeden Fall!", gab ich zur Antwort.

Leider befand sich Rolands Golfzeug inzwischen im Kofferraum des SUV, und so durften Max und ich den Rückweg mit den Lebensmitteltüten auf dem Schoß zubringen. Irgendwie verfolgte mich dieses lästige Utensil nun schon seit München!

Zurück im Apartment wollte ich mich sofort umziehen und zum Strand laufen. Aber nichts da: Roland setzte sich mit seinem iPad aufs Sofa und verlangte, dass Bianca und ich nun etwas kochten! Schließlich hatte er ja Berge an Lebensmitteln bereitgestellt. Ich blickte ihn entgeistert an. Warum sollte ich jetzt in die Küche? Ich hatte noch nicht einmal das Meer von Nahem gesehen! Bianca blieb völlig gelassen und erklärte mir seelenruhig, dass Roland beruflich so viel auswärts essen musste, dass er im Urlaub Hausmannskost bevorzugte! So, na ja, bei mir war das aber eher umgekehrt und schließlich waren das auch meine Ferien!

Nun wollte ich nicht gleich am ersten Tag den Hausfrieden aufs Spiel setzen und machte gute Miene zum bösen Spiel. Ich fasste mich in Geduld und ging davon aus, dass wir uns nach dem Essen noch ins Getümmel stürzen oder zumindest in einer schönen Strandbar noch einen Drink nehmen würden. Aber nein, Roland brauchte nun seine Ruhe, er war schließlich den ganzen Tag herumgefahren, der Gute. Also wollte ich mich nun erneut allein auf den Weg machen und zu Fuß die zwei Kilometer bis ins Zentrum der Ferienanlage und von dort zur Strandbar zurücklegen.

Als ich gerade zur Tür rauswollte, lief Bianca mir nach, sie komme auch mit. Schließlich wollte sie nicht mit diesem alten Kerl auf dem Sofa versauern! Ob er das gehört hatte? Taub war er ja wohl noch nicht.

Gemeinsam wanderten wir los, bummelten durch die kleinen Geschäfte, schauten uns die vielfältigen Kunstartikel an, die zum Verkauf angeboten wurden, und selbstverständlich blieb Bianca das Ladengeschäft von *Tiffany's* nicht verborgen. Mit großem Eifer und einer Spur von Neid in der Stimme erzählte sie mir, dass eine Bekannte aus München ein Tiffany-Armband trage, und aus der Euphorie, die Bianca bei der Erzählung an den Tag legte, schloss ich, dass Bianca wohl demnächst auch etwas von *Tiffany's* besitzen würde.

Um es gleich vorwegzunehmen: Natürlich trug meine Freundin Bianca am Tag des Rückflugs eine Kette von *Tiffany's* an ihrem Hals. Ich bin mir aber zu hundert Prozent sicher, dass der Erwerb dieses Prunkstücks bei Weitem nicht so romantisch vonstattengegangen war wie in meinem Lieblingsfilm mit *Audrey Hepburn*, als ihr Herzallerliebster den Ring aus der Cornflakes-Packung für Miss Holly Golightly gravieren ließ.

Jedenfalls verbrachten wir einen wunderbaren Abend miteinander, lachten und scherzten und fanden auch glücklich zu Fuß unseren Weg zurück ins Apartment. Doch anstatt nun gemeinsam eine Flasche Wein zu genießen, verschwand Bianca sofort bei Roland im Schlafzimmer. Als ich von dort laute Stimmen hörte, die sich angifteten, wusste ich, dass sie an diesem Abend wohl nicht mehr herauskommen würde, und ging schlafen. Schade. Ich tröstete mich damit, dass dies ja nur der erste Abend war;

wir hatten noch fast drei gemeinsame Wochen vor uns, also noch viele Abende, die wir gemeinsam am Strand oder auf der Terrasse ausklingen lassen konnten.

Als ich am nächsten Morgen in die Küche ging, um Kaffee aufzusetzen, war gleich zu spüren, dass etwas nicht stimmte. Roland hatte bereits Kaffee gekocht, Pfannkuchen gebacken und bedeutete mir, den Tisch einzudecken. Wie ich gerade Teller aus dem Oberschrank nehmen wollte, zog Roland direkt vor mir eine Schublade auf. Ich wich einen Schritt zurück und fasste mit der Hand hinein, um seine Aktion zu unterstützen. In dem Moment schlug er die Schublade wieder zu – meine Finger waren drin. Autsch! Das hatte wehgetan. Entgeistert schaute ich ihn an. Er verzog keine Miene und öffnete nun die Schublade daneben. Er tat noch nicht einmal so, als täte es ihm leid. Von Entschuldigung keine Spur. Bianca war gerade dazugekommen und meinte nur mit gespielter Gelassenheit: „Ja, so ist er halt, der Roland." Ich nahm mir instinktiv vor, mich künftig besser in Acht zu nehmen.

Es war herrliches Wetter, das Gezwitscher der Vögel war durch die offene Terrassentür zu hören, und alles deutete auf einen wunderbaren Ferientag hin – wenn da nicht diese Schwingung in der Luft gewesen wäre von unterdrückter Wut und vorgetäuschter Freundlichkeit. „Frühstück ist fertig – für alle, die wollen", aber Rolands Stimme klang dabei alles andere als einladend. Und irgendwann saßen wir dann zu dritt um den Tisch auf der Terrasse, Bianca, Roland und ich. Max schlief noch selig auf dem Notbett im Wohnzimmer, an dem wir nun bestimmt schon hundertmal vorbeigelaufen waren, ohne dass er dabei eine Regung gezeigt hätte.

Bianca saß wie immer mit den Füßen hochgezogen auf ihrem Stuhl, hielt angewidert zwischen zwei Fingern einen Pancake hoch und giftete: „Was ist das für widerliches Zeug? Das sind alles nur leere Kalorien, und schmecken tun die Dinger auch nicht! So was Ekliges brauchst du mir nie mehr zu servieren!" Roland ignorierte die Bemerkung und stopfte weiter schweigend sein Frühstück in sich hinein. Ich bemühte mich vergeblich um eine positivere Stimmung, während ich tapfer einen Pfannkuchen vertilgte. So, ein wunderbarer Tag lag vor uns, was wollten wir unternehmen? Ich war immer noch nicht am Strand gewesen! Noch nicht einmal mit den Füßen im Wasser …

Leider brachte auch der Dienstag nicht das Glück und die Erfüllung, die ich mir ersehnt hatte. Denn jede halbwegs vernünftige Unterhaltung vergiftete Bianca mit spitzen Bemerkungen, die häufig unter der Gürtellinie angesiedelt waren. Zu mir war sie immer zuckersüß und freundlich, gegenüber Roland aber eine richtige Giftspritze, sodass ich mir gewünscht hätte, sie würde überhaupt nicht mit mir sprechen, um mich nicht in die Geschichte hineinzuziehen. Auf gar keinen Fall wollte ich für Roland diejenige sein, die einen Keil zwischen ihn und seine Partnerin trieb. Aber genau darauf lief es wohl hinaus.

Als wir – einmal mehr – über Land fuhren, selbstredend mit Roland am Steuer, fragte sie ihn: „Roland, was bedeutet eigentlich das Schild ‚No passing on shoulder‘?“ Nun musste man wissen, dass Roland immerhin dreißig Jahre mit einer Amerikanerin verheiratet gewesen war und seinerzeit in Boston, Massachusetts, studiert hatte. Prompt kam auch schon die Antwort: „Nun, das heißt, dass man hier nicht überholen darf, weil da vorne eine Kuppe kommt, über die man nicht drübersieht!“ Okay, nach allem, was ich im zwischenmenschlichen Bereich bei den beiden schon erlebt hatte, wollte ich auf keinen Fall die momentan herrschende, wenn auch nur gespielte Harmonie zerstören und blieb weiterhin stillschweigend auf der Rückbank sitzen. Aber natürlich hatte Bianca den Braten gerochen. Als wir wenig später schon wieder beim Lebensmitteleinkaufen waren, fragte sie mich heimlich: „Stimmt das, was Roland gesagt hat?" Ich antwortete, dass meines Wissens dieses Schild bedeutete, dass man nicht auf dem Seitenstreifen rechts überholen darf. „Aha! Wusste ich es doch! Immer tut er so, als wüsste er alles, und in Wirklichkeit weiß er gar nichts, bringt es aber nicht fertig, das auch mal zuzugeben! Dem werde ich was erzählen!" „Bianca, bitte! Ich wollte damit keinen Streit heraufbeschwören, deshalb hab ich auch im Auto nichts gesagt", versuchte ich sie zu beschwichtigen. „Keine Angst, ich lasse dich da raus!" Na denn, ihr Wort in Gottes Ohr. Auf der Rückfahrt zum Hotel kam schon das nächste Schild. Zuckersüß säuselte sie: „Roland, wenn ich es mir recht überlege, könnte das Schild doch auch bedeuten, man darf auf dem Seitenstreifen nicht überholen?" Gelassen entgegnete der Angesprochene: „Nein, nein, mit „shoulder" ist die Kuppe da vorne gemeint. Und weil dadurch die Stelle so unübersichtlich ist, darf man hier nicht überholen." Die Kuppe war aber erst am Horizont zu erkennen, während die Straße schnurgerade verlief. Mir wurde heiß, denn ich konnte bereits spüren, was jetzt folgte. „Nein, Roland! Die Karla sagt aber, das Schild bedeutet „auf dem Seitenstreifen darf nicht überholt werden"! Und das macht viel mehr Sinn!! Warum tust du immer so, als wüsstest du alles, dabei weißt du gar nichts!!!" So, jetzt war's raus. Ihre gerade noch zuckersüße Stimme war nun so scharf wie ein Peitschenhieb geworden, und natürlich alles in meinem Namen. Ich hätte mich am liebsten in der Rückbank versteckt. Aber zu meiner Überraschung wurde Roland weder wütend, noch fühlte er sich ertappt, sondern verteidigte auch weiterhin seine freie Interpretation der Bedeutung des Verkehrsschildes. Mir war jedenfalls schlagartig klar, dass auch dieser Abend nicht harmonisch am Strand ausklingen würde …

Am Mittwoch freute ich mich auf die Sendung mit *Doreen Virtue* bei *Hay House Radio*. Ich hörte sie zu Hause immer abends;

hier nun lief die Sendung durch die Zeitverschiebung um 10 Uhr morgens. Allein der Gedanke, Doreen räumlich so nahe zu sein, machte mich schon ganz aufgeregt – schließlich lebte sie ja seit ein paar Jahren auf *Maui* –, und ich konnte es kaum erwarten, bis die Übertragung begann. Nun war es mir aber noch nicht gelungen, mit meinem Laptop via WLAN zu empfangen, sodass ich auf das Internetkabel angewiesen war, welches im Wohnzimmer angeschlossen war, direkt neben der Couch, auf der sich Roland immer wie der Hausherr persönlich postierte. Also musste erst Roland aus dem Weg. Bianca schlug vor, dass er doch mit Max zum Golfen fahren sollte, während wir zwei Frauen den Vormittag im Apartment verbrachten. Dieser Vorschlag machte den lieben Roland misstrauisch. Was hatten die beiden wohl vor, dass man ihn aus dem Weg haben wollte? Also bekundete er, er habe heute keine Lust zu golfen. Ich konnte mir überhaupt nicht vorstellen, meine Lieblingsradiosendung zu hören, in welcher regelmäßig auch Gebete gesprochen wurden und Heilungen durch Meditation erfolgten, während Roland dabei war. Also rief ich wieder einmal meinen Schutzengel zu Hilfe, die Situation aufs Beste zu lösen. Irgendwie gelang es Bianca doch noch, Roland zum Golfen zu überreden, aber nur unter der Voraussetzung, dass sie ihn zum Platz fuhr und nach drei Stunden wieder abholte. Was überhaupt keinen Sinn machte, weil wir schließlich erklärt hatten, wir würden im Apartment bleiben und daher kein Auto benötigten. Das bedeuteten für Bianca nun vier völlig überflüssige Autofahrten, sodass sie von den drei freien Stunden gerade mal eine für sich hatte und die anderen zwei Stunden im Auto zubringen musste. Aber das interessierte den Hausherrn nicht.

Nun gut, während Bianca die erste Kutschierfahrt unternahm, richtete ich den Laptop ein und meldete mich für die Radiosendung an. Schließlich gelang es uns tatsächlich, die sechzig Minuten mit Doreen ganz entspannt zu genießen, und es wunderte mich überhaupt nicht, dass das heutige Thema Beziehungen im zwischenmenschlichen Bereich bearbeitete und wir uns im Gebet von allerlei toxischen Bindungen lösen durften. Das hatten wir beide bitter nötig.

Nachmittags war es dann so weit, und wir fuhren tatsächlich zum ersten Mal gemeinsam zum Strand. Ein paradiesisches Plätzchen mit Liegestühlen unter Schatten spendenden Bäumen, das Meer war ganz ruhig, kaum Wellengang, ideal zum Schwimmen und Schnorcheln. Ganz in der Nähe gelegen war ein Paddelbootverleih, der auch Boards vermietete, und ich nahm mir vor, nicht eher nach Hause zu fliegen, bevor ich nicht auf einem solchen Board gestanden hatte!

Doch zunächst einmal legten wir unsere Schnorchelmasken an und begaben uns in das herrlich warme Wasser. Ich war angenehm überrascht von dem weichen Meeresboden, ganz viel Sand, nur wenige Steine und jede Menge Meeresbewohner, die es zu bestaunen gab. Für Max war es das erste Mal überhaupt, dass er im Meer schwamm, und die neue Erfahrung machte ihm sichtlich Freude. Bianca schnorchelte wie ein Profi und wurde nicht müde, immer neue Tiere und Pflanzen zu entdecken. Ganz entspannt trieb sie dicht unter der Wasseroberfläche und gestikulierte freudig. Ganz im Gegenteil zu mir. Die Maske saß nicht richtig, plötzlich drang Wasser statt Sauerstoff durch den Schnorchel ein, und bei meinem dilettantischen Versuch, nicht zu ertrinken, hatte ich die meisten Meeresbewohner erschreckt und vertrieben. Ich versuchte, auf einem Fels unter Wasser einen Tritt zu fassen, um die Taucherbrille abzunehmen. Dabei rutschte ich ab, riss die Maske herunter und gleich noch einen Ohrring mit aus. Prustend und schnaufend versuchte ich wieder zu Atem zu kommen, während Bianca neben mir losgelöst von allem Irdischen weiter im Wasser trieb.

Da hatte ich fast vier Tage auf Hawaii verstreichen lassen, bis ich endlich im Wasser war, und dann so ein Erlebnis! Der Verlust einer meiner Lieblingsohrringe schmerzte mich zusätzlich. Also schlug ich vor, dass wir nun in der wunderschön gelegenen Strandbar einen Cocktail nahmen, die nackten Füße im Sand, den Blick aufs Meer gerichtet, das Geräusch der Wellen im Ohr … Aber nein, daran war nicht zu denken! Schnurstracks mussten wir alles zusammenpacken und ins Apartment zurückeilen, weil Roland jetzt unbedingt eine selbst gekochte Mahlzeit brauchte!

Mir blieb bis heute schleierhaft, warum ich mit nach Hause ging, anstatt allein am Strand zu bleiben.

In den folgenden Tagen spitzte sich die Situation weiter zu. Alles drehte sich nur darum, den guten Roland zufriedenzustellen, was beinhaltete, dass er pünktlich seine Mahlzeiten einnehmen, nach seinem Gusto golfen konnte und einmal täglich sexuelle Befriedigung erhielt. Das Leben konnte so einfach sein!

Nur hatte das alles nichts mit mir zu tun. Ich war schließlich hier, um auf Hawaii meine Spiritualität auszuleben, und nicht, um Roland zu bespaßen, der ja in allererster Linie gar nicht bei meiner Seminarreise dabei sein sollte. Als ich einmal zaghaft den Versuch unternahm, ihm meinen Standpunkt zu erklären, schrie er mich an: „Ihr seid die unfähigsten Weibsen, die ich je erlebt habe! Da habe ich 10.000 Euro für diesen Urlaub bezahlt und bekomme noch nicht mal was Anständiges zu essen!"

Um mich ein bisschen abzugrenzen, nahm ich also an weiteren Spazierfahrten auf der Insel nicht mehr teil, zumal diese ohnehin immer irgendwie ins Lebensmittelgeschäft führten, und ging stattdessen regelmäßig zu Fuß zum Strand.

Der Weg dorthin war eigentlich nicht weit. Es gab eine Abkürzung, die über einen Hotelparkplatz und zwischen Apartments hindurchführte. Allerdings wollte ich lieber so lange wie möglich direkt am Strand entlanglaufen, ohne zu wissen, wo ich da genau rauskam. So landete ich am ersten Tag auf dem Rückweg auf dem Parkplatz vom Hilton-Hotel. Es regnete in Strömen, und um meine Orientierung war es leider im Allgemeinen nicht so gut bestellt. Also lief ich vom Parkplatz raus auf die Straße und fragte sicherheitshalber eine Frau, die gerade vorbeikam, wo das Zentrum lag, denn ich war mir sicher, von dort wieder ins Apartment zurückzufinden. Sie deutete in eine Richtung, meinte, das seien von hier zwei Kilometer, aber am Nebeneingang vom Hilton stünde ein Shuttlebus, der mich ins Zentrum fahren würde. Also lief ich die wenigen Hundert Meter zurück, sprang in den Bus und fragte den wartenden Busfahrer, ob er mich so nahe wie möglich zu meinem Apartment bringen könne. Er sah mich gefühlte zwei Minuten entgeistert an, hatte dann wohl Mitleid mit meiner klatschnassen Erscheinung und wiederholte: „So nah wie möglich zum Apartment. Nun gut. Nehmen Sie Platz!" Ich wollte ihm die üblichen zwei Dollar Fahrgeld geben, aber er lehnte kategorisch ab und fuhr los. Ich hatte mich noch nicht einmal gesetzt, da bog der Shuttle links von der Straße ab und fuhr direkt den Hang hinauf – und schon standen wir vor der Schranke unserer Apartmentanlage. Noch nicht einmal dreißig Sekunden Fahrtzeit vom Hilton entfernt. Peinlich berührt musste ich feststellen, dass ich also direkt unterhalb unserer Adresse den Bus genommen hatte. Wäre ich anstatt zurück zum Shuttle gleich den Berg hochgelaufen, wäre ich sofort zu Hause gewesen. „So, weiter komme ich nicht", meinte der Busfahrer freundlich. Ich bedankte mich eilig und stieg aus. Als ich an der Schranke vorbei in die Anlage wollte, hielt auf der gegenüberliegenden Seite gerade ein SUV an. Roland und Bianca wollten – zum ersten Mal! – abends ausgehen. Ohne mich.

Mir wurde später erklärt, dass Roland dringend ein Paar Shorts gebraucht hatte, die er sich beim ansässigen Bekleidungsgeschäft kaufen wollte. Tatsächlich befanden sich in seinen beiden prall gepackten Koffern nur vier Shorts, dafür hatte er aber acht lange Hosen dabei.

Also kaufte er sich noch mal vier Shorts, die er dann aber leider nie tragen konnte, weil er beim Bezahlen im Geschäft eine Maus entdeckte, und man weiß ja nie, wo das Tier überall schon war. Es bestand ja immerhin die Möglichkeit, dass seine Hosen durch das Nagetier kontaminiert waren!

Ich freute mich auf jeden Fall, das Apartment für mich allein zu haben, und duschte erst einmal ausgiebig, bevor ich mich dann in trockene Sachen kuschelte.

Ich fühlte immer mehr, dass sich meine spirituelle Reise durch die ständigen Streitereien zwischen Bianca und Roland nicht so gestaltete, wie ich es mir erhofft hatte. Ich wollte mich entwickeln, meinen Geist öffnen, neue Eindrücke sammeln, neue Menschen treffen, eine fremde Umgebung erkunden und vor allem das Meer genießen! Seit geraumer Zeit schon konnte ich spüren, wie ich mich nach dem Meer und seiner Weite sehnte. Aber all meine Erwartungen wurden immer wieder von den unschönen Szenen zwischen meinen Mitreisenden überschattet.

Später sollte ich erkennen, dass ich – bevor ich bereit war für Neues – das Alte erst loslassen musste. Und dazu gehörte es wohl, dass ich die Streitereien bewusst miterlebte und mich willentlich davon löste, nämlich indem ich nicht mehr mitspielte, meinen eigenen Standpunkt offen vertrat, für mich selber einstand und aus dem Apartment auszog. Doch im Moment war wohl der Leidensdruck noch nicht groß genug, bis ich wirklich zu handeln bereit war.

Eine Affirmation von Belinda Davidson kann diesen inneren Prozess unterstützen:

I now ALLOW whatever needs to be healed,
removed or changed within me to take place
so that my wish will manifest.
(Belinda Davidson)

Heute wollte ich mir nun endlich meinen Traum erfüllen und mich im Stand-up-Paddling versuchen! So schwer konnte das doch nicht sein. Aufrecht stehend auf einem Board über das Wasser gleiten und dabei nur von Zeit zu Zeit mit Hilfe eines Paddels Geschwindigkeit aufnehmen und die Richtung korrigieren. Das musste doch zu schaffen sein. Nachdem ich nun den schönsten Fußweg zum Bootsverleih sicher kannte, nahm ich all meinen Mut zusammen und mietete mir ein Board. Die Einweisung durch einen jungen Mitarbeiter fiel eher dürftig aus; vermutlich hatte er das alles schon zu oft in seinem Leben erklärt – oder vielleicht hatte er auch nur Spaß daran, die Touristen von Zeit zu Zeit bei ihren zaghaften ersten Versuchen scheitern zu sehen? Auf jeden Fall drückte er mir direkt das Paddel in die Hand und überließ mich meinem Schicksal. Ich legte das Board aufs flache Wasser, setzte mich rittlings darauf und bewegte mich mit ein paar unsicheren Paddelschlägen aufs Meer hinaus. Schließlich wollte ich mir vor dem Verleiher keine Blöße geben – zumindest nicht gleich.

Nach wenigen Hundert Metern fielen mir die vielen Meeresbewohner ein, die wir beim Schnorcheln schon entdeckt hatten, und ich fühlte mich unwohl, meine Beine so im Wasser baumeln zu lassen, ohne dass ich selber sehen konnte, was sich unter der Wasseroberfläche alles tummelte. Also versuchte ich mich aufzurichten. Oje! Jedes Mal wenn ich die Füße gerade auf dem Board hatte, kippte ich zu der einen oder anderen Seite weg! Schaffte ich es trotzdem einmal, mit beiden Beinen auf dem Brett zu bleiben, war garantiert das Paddel weg. Der Verleiher hatte sich nicht die Mühe gemacht, mich in die Technik des Aufspringens einzuweihen, und ich wurde mit jedem misslungenen Versuch noch unsicherer. Vielleicht war es doch nicht so eine gute Idee gewesen, sich allein auf dieses Abenteuer einzulassen? Was, wenn mir das Board an den Kopf schlug und ich Hilfe brauchte? Ich war zwar nicht allzu weit auf dem Meer draußen, aber dennoch halt allein. Je mehr ich darüber nachdachte, desto weniger gelang mir das aufrechte Paddeln, und irgendwann verharrte ich dann kniend auf dem Board und paddelte, so gut ich konnte. Das wurde aber ziemlich schnell schmerzhaft, denn Knie und Schienbeine fanden auf dem harten Board keinerlei Dämpfung, und zusätzlich scheuerte das Paddel bei meinen unprofessionellen Schlägen doch recht heftig an den Oberschenkeln. Also beschloss ich, dass dies für meinen ersten Versuch einfach reichen musste, und kehrte zum Ufer zurück. Glücklicherweise werden die Boards nur dann verliehen, wenn der Wind landeinwärts bläst, sodass es wesentlich einfacher war, zurückzukehren, als aufs Meer hinauszupaddeln. Erschöpft konnte ich das Board und das Paddel zurückgeben und ruhte mich noch ein Weilchen auf einem Liegestuhl aus. Herrlich! Ich könnte ewig einfach nur aufs Meer hinausschauen.

Die erste Woche war schon fast vorbei, und die Seminarwoche stand nun unmittelbar bevor. Ich war ein bisschen aufgeregt und freute mich schon riesig. Auf dem Programm stand neben Ausflügen zu heiligen Stätten auch das Schwimmen mit Delfinen im offenen Meer. Am Tag vor dem eigentlichen Kennenlernen der Gruppe wollten wir gemeinsam mit ein paar anderen Seminarteilnehmern in ein Spezialgeschäft fahren, um Schwimmshirts zu kaufen, die uns vor zu viel Sonne schützen sollten, wenn wir stundenlang mit dem Boot unterwegs waren. Deshalb hatten wir uns am vereinbarten Treffpunkt zusammengefunden und teilten uns auf die vorhandenen Fahrzeuge auf. Da Bianca ihren Roland zuvor schon zum Golfplatz gefahren hatte, konnten wir heute zum zweiten Mal den SUV für uns nutzen, und so fuhren wir im Konvoi in Richtung *Kona*. Das ging genau bis zur dritten Ampel gut. Bianca und ich hatten uns über die Maßen in ein heftiges Gespräch über unsere untragbare Situation mit Roland verstrickt. Bei ihr flossen nun Tränen der Wut, es war Existenzangst zu spüren, und ich konnte die prekäre Situation, in die sich meine Freundin manövriert hatte, sehr gut verstehen. Bianca war ein paar Monate zuvor erst bei Roland eingezogen. Davor hatte sie ihre Arbeitsstelle gekündigt, ihr Haus verkauft und war für ihn nach München gezogen. Sie hatte sich voll und ganz auf die neue Beziehung eingelassen. Selbstredend konnte sie jetzt nicht einfach wieder alles hinschmeißen. Sie hatte die Brücken hinter sich gründlich eingerissen, und es gab kein Zurück. Wir wussten keinen Ausweg.

Die zuvor beschriebene Fahrtroute hatten wir völlig aus den Augen verloren und fuhren einfach immer weiter. Als wir das bemerkten, konnten wir leider nicht mehr beurteilen, ob die Fahrzeuge vor uns noch die waren, denen wir folgen sollten, oder ob diese bereits links oder rechts abgebogen waren oder womöglich einfach ein paar Kilometer weiter vor uns herfuhren. So beschlossen wir, das Beste aus der Situation zu machen, und parkten vor dem nächsten großen Kaufhaus. Es musste doch sicher möglich sein, bei *Target* oder *Wal-Mart* ein UV-abweisendes Shirt zu erstehen. Warum sollte dafür ein Spezialgeschäft nötig sein? Wir waren schließlich in Amerika! Als wir ausstiegen, entdeckten wir erst, dass noch vier weitere Autos hinter uns ebenfalls auf den Parkplatz eingebogen waren. Unsere Freunde aus dem Seminar hatten tapfer noch den Konvoi eingehalten und waren deshalb hinter uns hergefahren. Einige hatten Verständnis, dass wir den Anschluss verloren hatten, ein paar waren allerdings mehr als sauer und versuchten auf eigene Faust das Fachgeschäft doch noch zu finden. Oje, wir waren während der Fahrt so mit uns selber beschäftigt gewesen, dass wir nicht nur den Anschluss verloren hatten, sondern überhaupt nicht mehr an die Gruppe gedacht hatten!

Zerknirscht liefen Bianca und ich in den Markt und dort schnurstracks in die Abteilung für Bademoden. Leider fanden wir nicht, was wir suchten, und zogen eine Verkäuferin zurate, die uns allerdings versicherte, dass absolut keine Schwimmshirts mehr vorrätig waren. Damit hatten wir nicht gerechnet, doch wir ließen uns nicht entmutigen und sahen uns nochmals auf eigene Faust um. Dabei entdeckte ich ein Regal mit riesigen Badetüchern und sagte: „Oh, das ist die Größe, die ich gern für meinen Sohn kaufe, die gibt's in Deutschland gar nicht." Und wie ich nach einem Tuch greifen wollte, stellte sich Bianca mit einer eleganten Seitwärtsbewegung zwischen mich und das Regal und meinte: „Oh, davon muss ich für uns welche mitnehmen!" Und schon zog sie ein Tuch nach dem anderen heraus, um die Farben zu vergleichen, und ließ mir gar keine Chance mehr, mich selber von der Qualität der Badetücher zu überzeugen oder mir eins auszusuchen. Hatte ich das noch für einen Zufall gehalten, konnte ich schon bald feststellen, dass es sich jedes Mal so verhielt. Ich wollte mir etwas ansehen, sie stellte sich zwischen mich und die Ware. Hallo??! Und außerdem, liebe Bianca, bist du bereits mit 20 kg Übergepäck angereist. Wenn jetzt noch jeder ein Supersize-Badetuch kriegen soll, dann brauchst du noch mal einen neuen Koffer! Sie überlegte kurz und meinte dann: „Okay, das soll Roland morgen kaufen!" Mir war die Lust am Erwerb eines flauschigen Badetuchs nun gründlich vergangen, und ich ging deshalb zurück zur Bademode. Schließlich wurden wir in der Kinderabteilung dann auch fündig und kauften für Bianca, Roland, Max und mich jeweils ein Shirt in entsprechender Kindergröße.

Am Samstag war es dann endlich so weit, unser Seminar begann, und wir wollten uns alle – Seminarteilnehmer und mitgereiste Familienangehörige – um 14 Uhr am Strand zu einem ersten Kennenlernen treffen.

Es kam, wie es kommen musste: Roland fühlte sich sichtlich unwohl bei dem Gedanken und wollte alles tun, um Bianca von der Teilnahme am Seminar abzuhalten. Dazu hatte er einen richtigen Plan ausgeheckt. Zunächst musste sie ihn morgens zum Golfplatz fahren und dann um 13 Uhr wieder dort abholen. Allein das machte schon völlig unnötigen Zeitdruck. Damit aber nicht genug. Als die drei tatsächlich um Viertel vor zwei zurück im Apartment waren, fing Bianca an zu kochen: Ihren Roland verlangte es jetzt nach einem kräftigen Lunch! Nun hatten wir in den Tagen zuvor niemals geluncht, sondern hatten immer Frühstück und Abendbrot gegessen. Aber ausgerechnet heute brauchte er dringend auch mittags eine warme Mahlzeit. Das Golfspiel am Vormittag musste wohl ganz besonders anstrengend gewesen sein. Obwohl Bianca so tat, als sei sie total gelassen, war ihr die Anspannung deutlich anzumerken, und statt leckerem Essensduft stieg gleich mal Qualm am Herd auf. Das Sandwich war angebrannt. Natürlich war auch Bianca bewusst, dass wir es so niemals pünktlich zum Kennenlernen am Strand schaffen würden, aber es gelang ihr nicht, sich aus dieser Ohnmacht zu befreien. Wo war nur meine selbstbewusste, in allen Lebenslagen überlegene Bianca geblieben? Dieses nervöse Wrack am Herd hatte jedenfalls nichts mit ihr zu tun! Als ich erkannte, dass es mir nicht gelingen würde, sie zum Gehen zu überreden – denn immerhin waren wir 10 000 Meilen weit gereist, um am Seminar teilzunehmen und nicht um bei strahlendem Sonnenschein Mittagessen zu kochen –, schnappte ich meine Tasche und sagte: „Also ich mach mich schon mal zu Fuß auf den Weg. Wir sehen uns später am Strand!“ Wie ich zur Haustür rausging, entdeckte ich gegenüber eine junge Frau, die mit zwei halbwüchsigen Kindern auf ein parkendes Auto zurannte. Ich rief ihr direkt zu: „Seid ihr auch unterwegs zum Seminar?“ „Ja klar! Und wir sind schon total spät dran!“ Zwei Sätze später saßen wir zu viert im Leihwagen: Michaela mit ihren Töchtern Lioba und Chiara war froh, nicht allein zu spät zu kommen, und ich war glücklich, dass ich mitfahren konnte, denn zu Fuß hätte ich doch deutlich länger gebraucht!

Am Parkplatz am Strand angekommen entdeckten wir gleich noch andere Seminarteilnehmer. Wir hatten es also noch rechtzeitig geschafft.

Endlich war es so weit, und ich durfte *Jeanne Ruland* kennenlernen. Ich hatte ihre Bücher gelesen, liebte ihre Meditationen, war ihrer Einladung zum Seminar nach Hawaii gefolgt, hatte sie aber noch nie live erlebt.

Sie nahm mich herzlich in die Arme und sagte: „Schön, dass du da bist. Alles gut?" – und da brach es auch schon aus mir heraus. Alles, was sich in der vergangenen Woche aufgestaut hatte, machte sich mit einem Mal Luft. „Nein! Gar nichts ist gut! Alles ist ganz furchtbar! Ich muss da raus, ich muss da weg!", heulte ich in ihr Ohr. Jeanne blieb ganz gelassen. „Was ist denn passiert?!" Und in zwei, drei knappen Sätzen schilderte ich ihr schluchzend die Situation. Aber ich musste gar nicht lang erklären. Sie sagte sofort: „Wir finden was anderes für dich. Gleich heute Abend gehen wir zur Rezeption und quartieren dich woanders ein." So einfach! Und schon fühlte ich mich besser. Ich wusste, jetzt wird alles gut, und meine eigentliche Reise konnte beginnen!

Wenig später saßen wir alle mit gekreuzten Beinen auf dem warmen Boden am Strand unter Schatten spendenden Bäumen und stellten uns gegenseitig vor. Just als ich an der Reihe war, tauchten Bianca, Roland und Max auf und setzten sich mit dazu. Als ich aufstand und meinen Namen nannte, schaute ich Roland direkt ins Gesicht, als ich sagte: „Ich freue mich nun seit mehr als einem halben Jahr auf diese Reise, und ich hoffe, dass ich sie jetzt auch endlich genießen kann!" Prompt hatte Roland den Fehdehandschuh aufgegriffen und stellte mich nach der Vorstellungsrunde zur Rede. Was hatte ich damit sagen wollen? Er hatte schließlich diesen Urlaub bezahlt und alles organisiert, und da sei es doch wohl das Mindeste, dass er täglich entsprechend versorgt werde! Ich entgegnete, dass ich immerhin meinen Teil selbst bezahlt hatte und dass ich ganz sicher keine 10 000 Meilen weit gereist sei, um für ihn zu kochen! Das Ganze schaukelte sich hoch, unsere Stimmen wurden immer lauter, und inzwischen hatten alle mitgekriegt, dass hier etwas im Argen lag! Ich musste weg.

Ich ließ Roland stehen und lief ein Stück am Strand entlang, um mich dort unter einer Palme auf einen Liegestuhl zu legen und aufs Meer hinauszuschauen. Ich war hier, ich war endlich hier am Ziel meiner Träume, am Ort meines Begehrens, und trotzdem war ich meinem Alltag nicht entkommen, sondern in ein Dilemma hineingeraten, das mich doch gar nichts angehen sollte. Mit einer Person, mit der ich nichts zu schaffen hatte, mit der ich noch nicht einmal reden, geschweige denn das Apartment und den Esstisch teilen wollte. Und trotzdem war ich gezwungen, mich mit dieser Person auseinanderzusetzen.

Als ich eine gefühlte Ewigkeit später zur Gruppe zurückkehrte, hatte Jeanne darum gebeten, dass die mitgereisten Familienangehörigen die Gruppe verließen und die Seminarteilnehmer sich in Zweiergruppen zusammenfanden, um auf diese Weise mehr über die anderen, aber vor allem über sich selbst zu erfahren. Solche Kennenlernübungen fand ich ja immer ganz schrecklich, aber ich wollte mich nicht sperren.

Ich schaute mir die anderen Teilnehmer nun genauer an, und mein Blick blieb an einem Mann mit lockigen Haaren und blauen Augen hängen, und ich dachte noch so: Okay, der bitte nicht! Später erzählte mir Klaus, dass er genau das Gleiche dachte, als er mich sah: „Nein, lieber Gott, jede, aber bitte nicht die!“ Damit alles gerecht zuging, sollte jeder eine Karte ziehen – und selbstverständlich zogen wir beide die gleichen Karten und bildeten damit ein Team.

Nun saßen wir uns also gegenüber, schauten uns lange in die Augen und sollten dann dem jeweils anderen sagen, was wir darin erkennen konnten. Hilfe! Meine Vorstellung von Horror! Und deshalb sagte ich ihm auch gleich: „Tut mir leid, ich kann so was überhaupt nicht!“ Für Klaus kein Problem. Stellte sich heraus, dass er unlängst eine Heilerausbildung absolviert hatte und sich richtig freute, das Gelernte nun an einem neuen Probanden ausprobieren zu dürfen! Seine Eloquenz und Wortgewandtheit kamen ihm dabei noch zugute, und so konnte er mir in liebevollen, aber sehr klaren Worten sagen, womit ich mich schon mein ganzes Leben lang herumschlug und auch hier auf Hawaii zu kämpfen hatte.

Immer wieder geriet ich zwischen die Fronten, scheinbar völlig zufällig und doch mit schöner Regelmäßigkeit. All meine Versuche, sich durch Nichtssagen unsichtbar zu machen, halfen nur eine kleine Weile. Irgendwann musste ich dennoch Farbe bekennen. So sehr ich versuchte, mich aus allem herauszuhalten, geriet ich trotzdem immer wieder in eine Konfrontation. So wie jetzt zwischen Bianca und Roland. Das innere Kind in mir, das doch einfach nur geliebt werden wollte, war einmal mehr schutzlos ausgeliefert!

Wow, nach dieser Analyse war ich erst einmal sprachlos. Ein völlig Fremder konnte durch meine Augen so viel lesen! Das brachte mir so viel Klarheit und auch Verständnis für mich selbst und meine eigene Situation. Das musste man wirklich mal erlebt haben! So viel hätte ich in Jahren der Therapie auf einer Couch bei einem Psychiater nicht über mich erfahren können wie hier und jetzt innerhalb kürzester Zeit am Strand von Hawaii!

Ich hatte die übrigen Seminarteilnehmer völlig ausgeblendet und war nur noch auf mich selbst fokussiert. Als Jeanne uns dann in die Realität zurückrief, war ich wie verwandelt. Alles war plötzlich so klar, und ich war nur noch glücklich, hier sein zu dürfen. Ich erzählte Jeanne freudig von meiner Selbsterkenntnis, und sie ermutigte mich, das zu tun, was ich ursprünglich im Sinn hatte. Nämlich in dem Moment, wo ich auf Hawaii am Strand war, mich in den Sand zu legen und einen Sandengel zu machen! Herrlich! Ich war angekommen!

Abends saßen alle noch in der Strandbar *LavaLava* zusammen und genossen den herrlichen Sonnenuntergang bei einem Cocktail in angenehmer Runde. Alle, bis auf Bianca – richtig! Sie musste natürlich zurück zu ihrem Roland. Zuerst sprang ich schon aus alter Gewohnheit direkt hinter ihr her, bis ich merkte, was ich hier tat! Hallo, ich war schließlich erwachsen und durfte abends schon allein weggehen! Also ließ ich sie schweren Herzens ziehen und fühlte mich anfangs wie ein Verräter weil ich die Gesellschaft der anderen Seminarteilnehmer vorzog. Wie ein Kind, das etwas Verbotenes tat. Aber dieses Gefühl verbesserte sich schnell, und ich war überglücklich, nach mehr als einer Woche tatsächlich einen Abend in anregender Gesellschaft am Strand zu verbringen.

Irgendwann mussten wir dann doch nach Hause, und wir machten uns zu Fuß unter dem herrlichen Nachthimmel auf den Rückweg. Zum allerersten Mal konnte ich bewusst das Sternenmeer wahrnehmen, für das Hawaii berühmt war. Millionen Lichter strahlten am pechschwarzen Firmament und das ganze Universum schien zum Greifen nah. Plötzlich überkam mich das überwältigende Glücksgefühl, dass ich mich schon bald nicht mehr heimlich, still und leise zu Roland ins Apartment zurückschleichen musste, sondern wie ein freier Mensch die Zimmertür aufschließen konnte, ohne seiner Missbilligung zu begegnen.

Was nun folgte, war so einfach wie logisch: Klaus' Zimmergenosse war noch nicht aufgetaucht. Er hatte sich zwar zum Seminar angemeldet, war dann aber einfach nicht erschienen, und so konnte ich direkt meine Sachen zusammenpacken und bei Bianca aus- und bei Klaus einziehen. Er bewohnte das Apartment direkt unter uns, also gleicher Grundriss, ähnliche Ausstattung aber komplett andere Energie. Ich fühlte mich sofort wohl, als ich durch die Tür trat und wusste, hier konnte ich bleiben! Zumindest solange der eigentliche Bewohner nicht da war. Würde der plötzlich doch noch auftauchen, musste man sich arrangieren. Aber ich wusste jetzt schon, hier war ich in Sicherheit!

Klaus hatte gleich zu Beginn den Master Bedroom bezogen und hier auch alles untergebracht, was er brauchte, sodass ich das Wohnzimmer mitsamt dem Internetanschluss für mich beanspruchen konnte und ab sofort ganz offen und lebhaft mit meinen Lieben zu Hause skypen durfte, wenn mir danach war. Denn auch das war in meiner ersten Wohngemeinschaft leider nicht möglich gewesen. Das Internetkabel reichte nicht bis in mein Schlafzimmer. Und immer wenn ich vom Wohnzimmer oder von der Terrasse aus skypen wollte, stieß das auf Missfallen, weil Max ja tagsüber im Wohnzimmer schlief und ich Rolands geringschätziges Gesicht einfach nicht ertragen konnte, während er jedes Wort auf die Goldwaage legte, was ich zu meinen Kindern sagte. Natürlich konnte ich auch nicht offen mit ihnen sprechen. Immer wieder kam Bianca angelaufen und säuselte: „Bist du wieder am Skypen? Ja, deine Kinder haben halt alle ein recht tragendes Organ, die hört man meilenweit! Roland ist davon aufgewacht …" Was sie aber nicht daran hinderte, die beiden herzlich zu grüßen und die Unterhaltung an meiner Stelle fortzuführen. Ich hatte dann erst mal Pause. Da meine Kinder aber die Tendenz hatten, Situationen instinktiv zu erfassen, erkannten sie auch so, was los war, und ich wusste nie, was sie als Nächstes sagen würden, was weder Bianca noch Roland aus meiner Sicht auf keinen Fall hören durften. Andererseits, warum eigentlich nicht? Warum musste ich mich mit einer untragbaren Situation abfinden und sollte auch noch dazu schweigen? Aber genau hier lag halt immer schon mein Problem. Aus irgendeinem Grund getraute ich mich so gut wie nie, jemandem direkt ins Gesicht zu sagen, wenn er mich störte oder ich mit etwas schlichtweg nicht leben konnte! Immer wieder stellte ich mir vor, wie einfach das Leben sein müsste, wenn man direkt – sachlich und prägnant – seinem Gegenüber sagen würde, was man wirklich denkt, anstatt alles in schöne Worte zu kleiden und Kompromisse zu finden, mit denen man selbst nicht leben konnte, um den anderen ja nicht zu verletzen. Und weil ich nicht gern log, verzichtete ich auf die schönen Worte und sagte meist gar nichts mehr. Was der andere natürlich unwillkürlich als Zustimmung auffassen musste. Nun denn, hier war noch eine große Baustelle für mich.

Aber fürs Erste war ich dieser negativen Energie ja entkommen und freute mich unbändig auf den Kurs! An diesem Abend konnte ich zum ersten Mal friedlich einschlafen.

Sonntag, 17. August

Am nächsten Morgen wachte ich schon vor Sonnenaufgang auf. Ich lief direkt durchs Wohnzimmer auf die Terrasse und beobachtete, wie die Sonne sich ihren Weg suchte, und fühlte mich genauso stark und frisch wie der junge Tag! Ein unglaubliches Gefühl, hier in Ruhe und Frieden stehen zu dürfen in dem Wissen, dass kein Roland mich argwöhnisch beobachtete oder sich womöglich durch das Geräusch beim Öffnen der Terrassentür gestört fühlte! Allerdings musste ich sehr wohl damit rechnen, dass eine Etage über mir genau dieser Roland stand – aber nein, sicher schliefen die drei jetzt noch alle tief und fest! … Und warum musste ich überhaupt schon wieder einen Gedanken an sie verschwenden?

Ich kann mir nicht aussuchen, was ich fühle,
aber ich kann wählen, was ich tue.
(Sergio Bambaren)

Unser erster gemeinsamer Ausflug mit der Gruppe führte uns zum *South Kona Green Market.* Um 9.30 Uhr trafen sich alle zur gemeinsamen Abfahrt. Nach einer liebevollen Begrüßung wurden zunächst noch die zur Verfügung stehenden Autos aufgeteilt. Unser guter Roland hatte leider absolut keine Lust, uns durch die Gegend zu kutschieren, und so kamen Bianca und ich bei Petra und Anja im Auto unter. War auch besser so! Frei – frei – unendlich frei!

Zunächst hielt ich die beiden für Freundinnen, die gemeinsam ihre Reise angetreten hatten, bis sich dann herausstellte, sie hatten sich wohl erst hier in *Kona* kennengelernt und teilten sich das Apartment und ein Auto. Schön. Die beiden konnten ungleicher nicht sein, hatten sich aber glänzend arrangiert.

Auf dem Local Green Market boten Einheimische ihre Waren an: selbst gemachtes Eis, selbst gebackenes Brot, frische Salate und Pie – und natürlich alles mit Früchten und Zutaten aus biologischem Anbau. Herrlich! Wir futterten uns gleich einmal durch.

Darüber hinaus waren allerlei Künstler vertreten, die Bilder mit spirituellen Botschaften und Motiven anboten, handgefertigte Schals, die in allen Facetten des Regenbogens leuchteten, duftende Gewürze, frische und getrocknete Kräuter, Heilsalben gegen alle erdenklichen Wehwehchen … wunderbar. Ein Erlebnis für alle Sinne.

Um 12 Uhr fuhren wir weiter zum *Black Sand Beach.* Der machte seinem Namen alle Ehre. Jeanne erzählte, dass der schwarze Sand die Energie der Sonne in sich aufnehme und gute Wirkung tat bei Bronchitis oder gar Lungenentzündung. Ich wollte gleich die Probe aufs Exempel machen, legte mich auf den Rücken und versuchte, mich selber mit dem schwarzen Sand zu bedecken. Diese Aufgabe war allerdings gar nicht so einfach, wie sich das anhört, denn der Sand war so fein und trocken, dass er nicht auf meiner Brust liegen blieb, sondern sofort wieder hinunterrieselte. Und noch bevor ich ein zufriedenstellendes Ergebnis erzielt hatte und mich im warmen Sand entspannen konnte, ging es auch schon weiter zur heiligen Gebetsstätte, allerdings mit dem schwarzen Sand in allen Säumen und Nähten meines gelben Bikinis.

Wir wanderten am Strand entlang und konnten noch etliche Schildkröten mit ihren Babys beobachten, die sich in den Wassertümpeln sonnten, welche sich zwischen Lavasteinen gebildet hatten. Erst viel später habe ich mehr über diese wunderbaren Wesen erfahren und begann allmählich zu begreifen, wie unendlich wertvoll diese erste Begegnung mit ihnen auf Hawaii gewesen war. Wie ähnlich die Schildkröte meinem eigenen Verhalten war, mich immer, wenn es brenzlig wurde, in meinen Schutzpanzer zurückzuziehen und dort abzuwarten, bis die Luft wieder rein war. Grundsätzlich ein sehr guter Gedanke. Was aber, wenn die Luft vergiftet blieb? Dann hatte ich irgendwann den größten Teil meines Lebens buchstäblich verpasst!

Die heilige Gebetsstätte erinnerte an die Ruinen einer Festung, vielleicht auch eines Klosters und lag hoch oben über dem Meer. Von Wibke erfuhren wir Interessantes aus der Geschichte von Hawaii, über die Götter und vor allem Göttinnen, die hier wirkten, und empfingen im gemeinsamen Gebet gute Wünsche und Segen für unsere Lebensreise. Unter anderem erzählte Wibke auch, dass es üblich sei, dem Meer und der Erde etwas von dem Guten zurückzugeben, das uns zuteilwurde. Unwillkürlich dachte ich dabei an meinen Perlohrring und war plötzlich nicht mehr ganz so traurig über dessen Verlust. Schlussendlich hatte ich also bei meinem unseligen Schnorchelversuch dem Meer ein Geschenk gemacht, wenn auch nicht ganz freiwillig. Ebenso musste ich von da an immer lachen, wenn es mir nicht gelungen war, beim Öffnen einer Wasserflasche nichts zu verschütten. Der erste Schluck sollte nämlich immer der Erde gehören.

Als sich zur Meditation alle auf die Lavasteine legen sollten, befürchtete ich, von diesen Steinen nie wieder alleine aufstehen zu können, denn sie wirkten nicht gerade gemütlich und ich spürte jetzt schon meine aufgescheuerten Knie. Also wagte ich es nur, mich vorsichtig im Schneidersitz niederzulassen. Nun war das auf Dauer aber ziemlich anstrengend – die scharfen Steine schnitten in die Sitzfläche ein, meine angewinkelten Beine und mein Rücken schmerzten, die Sonne brannte unbarmherzig auf mein Haupt … All dies lenkte meine Konzentration ab und verhinderte, dass ich mich wirklich auf die Meditation einlassen konnte. Anstatt die Seelenreise zu genießen, sehnte ich deren Ende herbei! Als es endlich so weit war, wäre ich am liebsten aufgesprungen – was meine gepeinigten Knie allerdings zu verhindern wussten, während alle anderen völlig entspannt zurück in diese Welt kamen, sich mit einem Lächeln im Gesicht aufrichteten und einfach nur glücklich wirkten.

Nun sollte sich jeder einen Stein aussuchen und darauf einen Herzenswunsch sprechen. Der Stein konnte dann auf einem kleinen Naturaltar abgelegt werden. Mehr widerwillig tat ich wie geheißen. Doch wie ich meinen besprochenen Stein auf den Altar gelegt hatte, fühlte es sich an, als wäre eine schwere Last von mir gewichen, als hätte ich nicht nur einen simplen Stein, sondern ein tonnenschweres Gewicht auf dem Opfertisch abgelegt. Jeanne beobachtete das wohl mit ihrem feinen Gespür und meinte, wir dürften auch gern die Gelegenheit nutzen und noch einen Stein für unsere Lieben besprechen. Und so legte ich insgesamt drei Steine aufeinander auf dem Altar ab. Diese ließen sich ganz einfach stapeln und bildeten gemeinsam ein wunderbares kleines Monument – und ich fühlte mich so viel besser als zuvor. Ich stellte mich an eine niedrige Brüstung, sah von hoch oben aufs Meer hinunter und wusste plötzlich, dass ich irgendwann einmal hoch oben in einem Turm eingesperrt gewesen sein musste, während das unter mir tosende Meer, welches unbegrenzte Freiheit bedeutete, unerreichbar für mich war!

Dieser Eindruck war so stark, dass ich wie benommen war, als ich mich mit den anderen auf den Fußweg zurück nach unten machte. Da traf mich völlig unvermittelt ein heftiger Schmerz im Rücken, und ich wurde ein paar Meter nach vorne geschleudert! Ich war nicht einfach nur gestolpert, sondern flog wie von einem mächtigen Schlag getroffen durch die Luft, sah meinen Kopf auf einen Felsbrocken zufliegen und dachte: Jetzt ist alles aus! Einfach nur so, jetzt ist alles aus. Der Gedanke war noch nicht einmal erschreckend, es war einfach nur klar und unausweichlich.

Ich schlug dann doch nicht mit dem Kopf auf, sondern konnte mich mit Händen und Knien abfangen, blieb aber wie betäubt am Boden liegen. Mir war speiübel, und alles drehte sich. Jeanne und Klaus waren sofort bei mir, verabreichten mir Arnika-Globuli und halfen mir nach einer gefühlten Ewigkeit wieder auf die Füße. Ich war noch so wackelig, dass ich nicht alleine gehen konnte, deshalb stützten sie mich links und rechts und halfen mir vom Berg herunter, durch üppig wachsendes Unterkraut, über Lavabrocken, durch einen kleinen Wald zurück zum Parkplatz, wo unsere Autos standen. Unterwegs erzählte mir Jeanne, dass sie spürte, etwas ginge in mir vor, und sie mich darauf ansprechen wollte. Allerdings hätte ich einen so befremdlichen und abweisenden Eindruck gemacht, dass sie es dann doch nicht gewagt hatte. Und daraufhin sah sie einen Engel, der hinter mir stand und einen Pfeil durch meinen Rücken direkt in mein Herz abgeschossen hat, was mich dann zu Fall brachte! Und damit hatte er mein Herz aufgebrochen. Mein Herz, das ich jahrzehntelang durch eine Wand abgeschottet hatte, um das herum ich eine Mauer errichtet hatte, damit es nur ja nicht noch einmal verletzt würde. Damit es keine Gefühle zeigen konnte, die dann missbraucht wurden. Damit es verschlossen blieb und keinen Schmerz fühlen konnte. Als Jeanne und Klaus mich nach dem Sturz in die Arme genommen hatten, weil ich nicht alleine stehen konnte, brach es aus mir heraus. Ich weinte und schluchzte hemmungslos, ein Damm war gebrochen.

Tränen sind das geschmolzene Eis,
welches sich zum Schutz um ein gebrochenes Herz gelegt hatte.
(Doreen Virtue)

Bei der Ankunft auf dem Parkplatz war ich immer noch ganz zittrig. Bianca, Anja und Petra hatten von meinem Sturz nichts mitbekommen und fragten sich schon, wo ich abgeblieben war. Nun teilten die Lieben das von ihnen mitgebrachte Obst und Butterbrote mit mir, damit ich wieder zu Kräften kam. Auf der mehrstündigen Rückfahrt erholte ich mich zusehends, und wir schmiedeten Pläne für ein gemeinsames Abendessen.

Und genau hier holte mich die Wirklichkeit wieder ein: Roland, der wie ein unheilvoller Schatten über der ganzen Reise stand. Roland, der selbstredend ein Recht auf ein warmes Essen hatte, gekocht von seiner derzeitigen Lebensabschnittspartnerin Bianca. Roland, der schließlich 10.000 Euro für diese Reise ausgegeben hatte und dafür auch den nötigen Respekt erwarten durfte. Ja, gerne – aber nicht von mir!!!!!!!!!!!!

Also trennten wir uns von meiner Freundin Bianca und gingen zu dritt zum Abendessen in ein Seafood Restaurant im *Waikoloa* Beach Resort. Und ich war überglücklich, dass ich nach diesem aufregenden Tag völlig unbekümmert in mein friedliches Reich zurückkehren durfte und mich nicht mehr in Rolands Apartment zurückschleichen musste!

Allein schon jeder neue Morgen war ein wunderbares Geschenk. Aufzustehen und in die Küche zu gehen, wo Klaus meist schon Kaffee gekocht hatte und jetzt friedvoll auf der Terrasse dem neuen Tag entgegenblickte. Eine ganz andere, positive Energie lag hier in der Luft. Ich schenkte mir eine Tasse ein und gesellte mich zu ihm nach draußen. Die Luft war angenehm mild, ein leichter Wind raschelte in den Bäumen und bewegte die prächtigen Blüten, für die Hawaii auf der ganzen Welt bekannt ist.

Die Sonne färbte den Horizont orange, und ehe ich wusste, wie mir geschah, waren wir auch schon in ein sehr intensives Gespräch getaucht. Egal was ich sagte, Klaus erfasste die Situation sofort und erkannte immer instinktiv, worum es eigentlich ging – den tieferen Grund, der häufig aus dem gesprochenen Wort gar nicht verlautete. Und so brachte für mich jeder neue Tag ab sofort auch eine Therapiestunde. Eine Sitzung, bei der ich bei einer wunderbaren Tasse Kaffee und Toast sehr viel über mich selbst erfuhr.

Es wird gesagt, dass die Kräfte auf Hawaii bewirken, dass keine Lüge bestehen kann, dass immer die Wahrheit und damit die Ursache an die Oberfläche dringt – nun, ich konnte das inzwischen bestätigen.

Montag, 18. August

Fahrt ins Tal der Könige: *Waipio*

Schon die Fahrt dorthin brachte Spaß und Abenteuer. Wir hatten uns wieder zu unserer Fahrgemeinschaft zusammen gefunden. Anja war schon einmal auf Big Island gewesen und erinnerte sich nun an einen wunderbaren Baum, der irgendwo an der Straße gestanden hatte und in seiner Blütenpracht kaum zu übertreffen war. Tatsächlich hatte sie ihn auch diesmal wieder entdeckt, und so hielten wir an, um dem majestätischen Gewächs seinen Tribut zu zollen.

Dieser Baum strahlte gleichzeitig Macht und Ruhe aus, wunderbar. Hier fühlte man sich geborgen und in Sicherheit. Im Schutz dieses alten Baumes konnte einem gar nichts Schlimmes widerfahren! Wir ließen seine Energie eine Weile auf uns wirken bevor wir unseren Weg schließlich fortsetzten.

Die Zufahrt zum Tal der Könige war nur als abenteuerlich zu bezeichnen. Ein Weg, der aber keiner sein wollte, und ganz sicher keine Fremden und Ortsunkundigen einlud, ihn zu befahren. Deshalb sollten wir die Autos oben am Aussichtspunkt abstellen und uns zu Fuß auf die Reise ins Tal der Könige begeben, um dort unsere Ahnen zu treffen.

Ich hatte in der Nacht zuvor von meinem lieben Großonkel geträumt, der wenige Tage vor meiner Abreise im hohen Alter von hundertein Jahren verstorben war. Im Traum lachte mein Onkel, nahm mich fröhlich in seine Arme und war einfach nur glücklich. Dieses Glücksgefühl hatte sich auf mich übertragen, und so folgte ich quasi seiner Einladung ins Tal der Könige, um dort meinen Vorfahren zu begegnen.

Allerdings wagte ich persönlich den Abstieg zu Fuß nicht, denn nach dem Sturz am Vortag schmerzten meine Knie doch noch sehr, auch wenn ich – zu meinem eigenen Erstaunen – keine blutenden Wunden davongetragen hatte.

So durfte ich mich also auf meinen Unfall berufen und bei Wibke im SUV mitfahren, welchen sie eigens für diesen Ausflug gemietet hatte. Diese Abfahrt gestaltete sich dann aber doch sehr abenteuerlich. Die unwegsame Straße war nur teilweise befestigt, einen Fahrbahnrand gab es eigentlich gar nicht, und die mit Schlamm und Wasser gefüllten Löcher im Weg selber waren zum Teil so tief, dass das ganze Auto darin zu versinken drohte. Da es die Tage zuvor noch heftig geregnet hatte, war die ganze Strecke gleichzeitig von Wasser überschwemmt und unterspült, sodass die Fahrt richtig gefährlich war. Mir war jedoch bewusst, dass ich der Einladung meines lieben Onkels folgte und meine Anwesenheit im Tal der Könige somit auch erwünscht war. Ebenso waren wir alle uns im Klaren darüber, dass unsere Engel immer bei uns sind, und so kamen wir mit einer gesunden Mischung aus Gottvertrauen und Fahrkönnen heil unten an. Bei einem gefährlichen Ausweichmanöver hupte Wibke einmal versehentlich, dafür aber umso lauter und durchdringender: ein Gruß an die Elfen und Trolle im Wald.

Tatsächlich benötigten wir mit dem Fahrzeug fast so lange wie die Wanderer zu Fuß!

Im Tal angekommen, führte unser Weg zunächst direkt ans Meer. Ich ließ die Kraft der Wellen und der Brandung auf mich wirken, bevor wir uns ein schönes Plätzchen auf einer Lichtung suchten, wo sich die Gruppe zur gemeinsamen Meditation traf. Legenden, Mystik und Einweihung in das riesige Potenzial der Ahnen war das Thema, aber das hatte mir mein Onkel im Traum ja schon angekündigt.

Diesmal fiel es mir ganz leicht, meine Gedanken los zu lassen. Meine spirituelle Reise fühlte sich an wie ein Flug durch die Wolken, absolut schwerelos und easy. Das Glücksgefühl, das sich dabei einstellte, hielt noch lange an. Kein Vergleich zu der schmerzhaften Erfahrung, die ich am Vortag auf dem Berg gemacht hatte.

Die Fahrt zurück auf den Aufsichtspunkt hinauf war nicht ganz so schlimm wie hinab, aber immer noch eine Herausforderung an Fahrerin und Fahrzeug gleichermaßen. Oben angekommen, genossen wir noch einmal den wunderbaren Ausblick ins Tal hinunter und sprachen dabei ein Dankgebet.

Auf dem Weg zurück zur Hotelanlage machte ich es mir auf der Rückbank im Auto gemütlich, ließ die anderen erzählen und freute mich noch einmal über die wunderbaren Erfahrungen, die ich im Tal der Könige erleben durfte.

Abends luden Petra und Anja in ihr Apartment ein, wo wir auf der Terrasse bei einer Flasche Rotwein den Tag ausklingen ließen. „Hang loose" lautete das Motto auf Hawaii und so langsam hatten wir es geschafft, auf Island Time herunterzuschalten und spürten die Freiheit und Unbekümmertheit, die Big Island ausstrahlte. Doch auch heute mussten wir auf Biancas Gesellschaft verzichten, denn schließlich musste sie ja noch kochen!

Dienstag, 19. August
Heute ging es schon ganz früh zum Delfinschwimmen!
Anja war leider nicht dabei; sie fühlte sich nicht fit genug zum Schwimmen. So saß diesmal Bianca auf dem Beifahrersitz, und ich konnte den Platz im Fond des kleinen Wagens für mich allein beanspruchen. Bianca war an diesem frühen Morgen schon ganz besonders gesprächig. Sie wusste, dass Petra ebenfalls aus München war, und nutzte die Gelegenheit, mit unserer Fahrerin ihre Zukunftspläne zu erörtern.

Allerdings traute ich irgendwann meinen Ohren nicht mehr, so sehr unterschied sich das, was Bianca da erzählte, von dem, wie mir sich die Lage darstellte. Sie und ihr Roland trugen sich also mit dem Gedanken, das aktuelle Haus zu verkaufen und neu zu bauen. Nur wo? Am Starnberger See oder doch lieber am Ammersee? Eine gute Nachbarschaft war ja so wichtig! Schließlich musste man auf seinen Umgang achten, und der war gleich so viel besser, wenn man neben dem Herrn Staatsanwalt wohnte oder gar neben dem Herrn Minister und allein schon durch die richtige Adresse zählte man ja automatisch zur besseren Gesellschaft. Ich war fassungslos! Das konnte da vorne doch nicht meine Freundin Bianca sein, die sich ein Leben lang nichts aus der Meinung der „anderen" gemacht hatte, sondern geradlinig „ihr Ding" durchzog – die da jetzt mit betont gelangweilter Stimme die Vorzüge einer gehobenen Wohnadresse aufzählte. Okay, „*Dream Big*" – das ist auch meine Devise –, aber allein schon die Stimmlage und die Art und Weise, wie sie über das Thema sprach, widerten mich an. Das hatte nichts mit echten Plänen und Träumen zu tun. Für mein Gefühl war das schlicht Wichtigtuerei.

Ich hatte Mühe, mir dadurch die Vorfreude aufs Delfinschwimmen nicht verderben zu lassen.

Im Hafen erwartete uns ein Boot mit einer erfahrenen Crew, die uns bei diesem Erlebnis beistehen wollte.

Die Begrüßung fiel sehr herzlich aus. Wir fühlten uns gleich wohl und wussten, dass wir diesen Menschen vertrauen konnten. Schließlich bestand ja auch ein gewisses Wagnis darin, auf offener

See das sichere Boot zu verlassen und sich unter die Meeresbewohner zu mischen. Bisher kannte ich nur *Flipper* aus dem Fernsehen. Persönlich hatte ich noch mit keinem Delfin Bekanntschaft gemacht!

Wir wurden mit ein paar Regeln vertraut gemacht, und dann wurde das Equipment verteilt. Irgendwann hatte jeder ein paar zumindest halbwegs passende Flossen und eine Taucherbrille mit Schnorchel. Bianca war mit ihrem Paar mehr als unglücklich, und sie jammerte und schimpfte über den „schlechten Service". Mit Sicherheit hätte ihr Roland sofort eine hochwertige Taucherausrüstung gekauft, wenn er nur dabei gewesen wäre. So musste sie sich halt mit den Begebenheiten abfinden und mit den in ihren Augen minderwertigen Utensilien auskommen.

Wir fuhren eine ganze Zeit lang hinaus aufs Meer. Ich ließ mir den herrlichen Wind um die Nase wehen und genoss die Fahrt. Allerdings dauerte diese heute ungewöhnlich lange, es wollten sich einfach keine Delfine zeigen. Die Crew überlegte bereits, zurück zum Hafen zu fahren. Nur noch ein letzter Schlenker in

eine kleine Bucht – und da war es dann doch so weit. Es schien, als hätten sich alle Delfine des Meeres hier versammelt und auf uns gewartet. Ganze Schwärme der Meeressäuger tauchten unter uns hindurch und sprangen über uns hinweg, es war die reine Freude! Gleichzeitig wurde das Meer von kraftvollen Sonnenstrahlen durchdrungen, und wir konnten selbst in großer Tiefe noch ganz genau die Bewohner des Meeres beobachten. Es war wie ein Tanz in einem Meer von Sonnenstrahlen. Ich fühlte mich völlig frei und gleichzeitig geschützt, denn ich wusste, in dieser Gruppe liebevoller Menschen mussten auch die Tiere freundlich sein, und es konnte kein Unheil geschehen. Abtauchen, auftauchen, neue Sprünge wagen! Die Verbindung schaffen zwischen dem Leben im Wasser und an Land, sich mühelos zwischen zwei Welten bewegen. Das gelang hier kinderleicht und in tiefem Vertrauen und Einklang mit den Elementen.

Zurück an Bord waren wir alle noch ganz benommen von diesem Erlebnis, alle bis auf Bianca. Sie konnte nicht genug über die bösen Delfine schimpfen. Wie konnten wir überhaupt nur etwas mit diesen Tieren zu tun haben wollen? Hatte ihr Max doch am Abend zuvor noch im Internet gelesen, dass die Delfine untereinander einen schrecklichen Umgang pflegten. So wurden dabei auch jüngere Tiere von den größeren missbraucht und regelrecht misshandelt.

Sie konnte überhaupt nicht begreifen, was wir alle an diesen schrecklichen Barbaren finden! Irgendwie hatte ich plötzlich das Gefühl, dass Bianca Parallelen zog zwischen den Delfinen und ihrer eigenen Beziehung mit Roland. Vorsichtig tastete ich mich an diese Frage heran. Sie blockte aber sofort ab und war sichtlich wütend auf mich, sodass ich dann lieber wieder schwieg.

Schließlich waren wir zurück im Hafen, wo wir kurz vor Verlassen des Bootes noch eine kurze Meditation hielten. Mit einem Gebet dankten wir dem Meer und den Spirits für das Erlebte und bedachten die freundliche Crew mit einem großzügigen Trinkgeld.

Am Abend saß ich wiederum mit Petra und Anja auf der Terrasse beisammen. Als wir das Programm für den nächsten Tag genauer betrachteten, stellten wir fest, dass am Mittwoch gleich zwei große Punkte auf dem Plan standen. Nämlich in der Frühe der Besuch einer heiligen Stätte auf einer Insel und Mantarochen-Schwimmen am späten Nachmittag. Da wir uns inzwischen mit dem Verkehr auf *Kona* besser auskannten, fürchteten wir, dass es unmöglich sein würde, von der Insel zurück zum Hotel zu fahren und von dort pünktlich vor Abfahrt des Bootes in den Hafen zu kommen. Da Bianca abends aber Roland und Max mitnehmen wollte zum Mantarochen-Schwimmen, hatte sie genau das geplant.

Also begab ich mich einen Stock höher, nahm meinen ganzen Mut zusammen und klingelte an der Tür, die eigentlich auch zu meinem Apartment führte, denn schließlich hatte ich dieses ja für drei Wochen gebucht und bezahlt! Max öffnete und ließ mich ohne viele Worte eintreten. Ich setzte mich mit Bianca und Roland an den Tisch und versuchte so sachlich wie möglich zu erklären, dass ich es für unmöglich hielt, die Fahrt zwischen den beiden Programmpunkten zeitlich hinzukriegen. Oje, jetzt ging es los. Mithilfe von Google Maps und mathematischen Berechnungen wollte mir Roland belegen, dass das überhaupt kein Problem sei und man locker eine halbe Stunde vor der Zeit am Hafen sein konnte. Sicher, da stimmte ich ihm zu, aber nur wenn wir wirklich pünktlich von unserem Ausflug am Morgen zurückkehrten und wenn auf der Straße kein Verkehr wäre. Und vielleicht muss der gemeine Mensch zwischendurch auch noch einen Happen essen, und das sollte dann nicht unmittelbar vor dem Mantarochen-Schwimmen sein, und, und, und. Roland ließ keinen meiner Einwände gelten. Er wollte unbedingt beweisen, dass ich im Unrecht war. Dabei ging es hier nicht um Recht oder Unrecht, sondern ich wollte den beiden nur eine herbe Enttäuschung ersparen, wenn sie es nicht pünktlich zur Abfahrt schaffen sollten. Bianca hatte das sofort begriffen, meinte aber nur, irgendwie ginge das schon! Nun gut, irgendwie geht immer alles, aber wir waren doch hier in Ferien, warum also sich unnötig Stress machen?

An den Tagen, an denen Bianca und ich mit der Seminargruppe unterwegs waren, hatten Roland und Max immer eine gemeinsame Autofahrt unternommen. Warum also konnten sie nicht einfach um 17 Uhr im Hafen sein und uns dort treffen? Ich hatte keine Chance, die zwei ließen sich nichts sagen, und ich kehrte zu meinen Freundinnen einen Stock tiefer zurück, wo ich meine Nerven mit einem Glas Rotwein beruhigte.

Mittwoch, 20. August

Der neue Tag war gekommen, und wir trafen uns pünktlich bei Petra am Auto. Auch heute war die liebe Anja leider nicht dabei, sie fühlte sich immer noch nicht fit genug zum Schwimmen. So saß Bianca erneut auf dem Beifahrersitz und ich im Fond des kleinen Wagens. Auch diesmal erzählte sie eine Geschichte aus ihrem Leben, die sich mir ursprünglich ganz anders dargestellt hatte. Aber inzwischen war ich ja schon fast daran gewöhnt, dass sie von jeder Begebenheit wohl mehrere Versionen auf Lager hatte, je nachdem, wie sie sich damit präsentieren wollte. Leider hatte sich Biancas Laune seit dem Delfinschwimmen nicht gebessert, und so nörgelte sie auch heute ständig an allem herum. Waren ihre Bemerkungen zunächst eher subtil, wurden sie im Laufe des Tages immer schnippischer, und jeder konnte sein Fett abkriegen. Ich konnte und wollte mich nicht von dieser negativen Energie runterziehen lassen, schließlich hatte ich gerade erst begonnen, mich allem Schönen zu öffnen, die Vorsicht, die ich sonst walten ließ, und die Zurückhaltung fremden Menschen gegenüber loszulassen, und da wollte ich jetzt nicht wieder zurück! Schließlich wusste ich bereits, dass in der Gruppe ausnahmslos liebevolle Menschen waren. Klar hatte jeder für sich sein Päckchen mitgebracht, aber nur, um es hier auf Hawaii endgültig loszuwerden und deutlich leichter die Heimreise anzutreten und nicht um hier noch zusätzlich Ballast auf sich zu laden. Teilweise knüpfte Bianca an ihren Erzählungen vom Vortag an, doch statt dem gelangweilten Unterton war sie heute gereizt, und so erzählte sie Petra u. a., dass sie ja vor ein paar Monaten schließlich nur mit mir und Gerd nach Shanghai geflogen sei, um mich zu unterstützen, schließlich sei das in einer Freundschaft so. Wollte sie mir damit über Dritte sagen, dass sie von mir mehr Unterstützung erwartete in Bezug auf Roland? Wie denn? Er hatte meine Finger in die Schublade geklemmt, ohne sich zu entschuldigen. Er hatte uns beide „die unfähigsten Weibsen, die ich je erlebt habe" genannt. Sorry, aber hier fand ich keinen Ansatz zur Unterstützung mehr. Außerdem war sie damals mitgeflogen, weil sie dringend aus ihrer Beziehung rausmusste und eine Auszeit brauchte! Aber davon war heute keine Rede mehr!

Also versuchte ich, ein bisschen auf Distanz zu gehen, aber das war unmöglich. Bianca hing auf Schritt und Tritt wie eine Klette an mir, es war noch nicht einmal möglich, mit Dritten eine kleine Unterhaltung zu führen, weil sie das sofort abblockte.

Später erkannte ich, dass Roland ihr immer mehr zugesetzt hatte. Er wollte sie hindern, weiter am Seminar teilzunehmen, und hetzte gegen uns: „Das ist doch eine Sekte! Du bist doch verrückt, dich solchen Leuten anzuschließen. Die spinnen doch alle!" Und das waren noch die harmlosesten Hasstiraden, die er Bianca ständig entgegenschleuderte.

Den Vormittag verbrachten wir im *Puuhonua o Honaunau National Historical Park*. Wibke wusste zu berichten, dass dies früher schon eine heilige Zufluchtsstätte war, wo Menschen in Einsamkeit und Abgeschiedenheit mit sich selbst ins Reine kommen konnten. Interessant war, dass die Hawaiianer einen ganz besonderen Brauch pflegten. So konnte ein zum Tode Verurteilter die Chance bekommen, eine bestimmte Bucht zu durchschwimmen. Schaffte er es bis zu der Insel der Zuflucht, durfte er dort weiterleben. Allerdings blieb das den wenigsten vorbehalten, denn die Bucht wimmelt bis heute nur so von Haien, und es bedurfte schon eines Wunders, die Fluten dort heil zu durchqueren.

Die Insel der Zuflucht wurde außerdem beschützt von hölzernen Ikonen, einer männlichen und einer weiblichen Figur, und es galt die Sage, wer hier seine Spucke auf beiden Figuren hinterließ, konnte dadurch seine Paarbeziehung verbessern. Diese Chance wollte ich natürlich nur zu gerne nutzen, und so sprach ich ein kurzes Gebet während der kleinen Zeremonie und bat die Spirits um Heilung.

Der Ort selber strahlte eine große Ruhe aus, doch hatte ich auch hier wieder das beklemmende Gefühl von Unfreiheit, eingesperrt, gefangen zu sein, ähnlich wie auf der heiligen Gebetsstätte hoch oben über dem Meer am Sonntag. Zum Glück reagierte mein Körper hier nicht so heftig, sodass mir ein Sturz diesmal erspart blieb. Allerdings schmerzten dafür die negativen Bemerkungen von Bianca wie Giftpfeile, die sich in mein Fleisch bohrten.

Wo war eigentlich unsere Chauffeurin Petra abgeblieben, dass ich bei ihr mal Zuflucht hätte finden können? Ich konnte sie nirgends entdecken.

Wir befanden uns auf einer kleinen Landzunge, und dennoch waren die anderen Seminarteilnehmer nicht auffindbar, bis sich zum vereinbarten Zeitpunkt dann doch wieder alle zum gemeinsamen Gebet einstellten. Geschafft! Ich war erleichtert, wieder die bekannten Gesichter zu sehen und die beklemmenden Gefühle abzuschütteln, die mich immer noch belastet hatten.

Aber selbst jetzt musste sich Bianca noch beschweren. Es war zu heiß, es war zu trocken, und sie hatte nichts zu trinken! Sie führte sich auf wie ein jammerndes Kleinkind. Ja, wäre der gute Roland da gewesen, der hätte bestimmt Verpflegung und Schatten spendende Utensilien dabeigehabt für sie! Für mich war deutlich zu spüren, dass Roland ihr wesentlich wichtiger war als die Gruppe und dass unsere gemeinsame Seminarreise keine mehr war.

Während Bianca nun mit einer anderen Teilnehmerin aus der Gruppe zurückfuhr zum Hotel, um von dort mit Roland und Max gemeinsam zum Hafen zu fahren, verbrachte ich den Nachmittag mit Petra in der Altstadt von *Kona.* Wir hatten eine herrliche Zeit. Bummelten, tranken einen frisch gebrühten Kaffee aus heimischem Anbau, gönnten uns ein leckeres Himbeereis aus Bio-Früchten und hatten alle Zeit der Welt. In einer Kunstgalerie am *Runners' Point* ließen wir uns von der Kraft der farbgewaltigen Bilder einfangen, die dort ausgestellt waren, und suchten uns gerne ein paar schöne Sachen für zu Hause aus. Dabei kamen wir mit der Galeristin ins Gespräch, die uns stolz erzählte, dass sie alle Bilder selbst gemalt hatte. Natürlich wurden wir auf unseren Akzent angesprochen, und sie wurde nicht müde, die freundlichen Touristen zu loben, die aus dem schönen Deutschland nach Hawaii strömten.

Wie schon befürchtet, hatte sich Bianca total abgehetzt. Sie brauchte für die Rückfahrt zum Hotel deutlich länger als bei unserer kleinen Besprechung am Vorabend angenommen und kam entnervt mit ihrem Roland und Max eine Viertelstunde zu spät zum Boot. Sie hatte es nicht erwähnt, aber ich bin sicher, dass sie ihrem Roland noch ein Abendessen zubereitet hatte. Nun, ich bemühte mich um Abstand, damit ich mir das ganze Gejammer und Geschimpfe nicht schon wieder anhören musste. Davon einmal abgesehen kamen auch Petra und ich fast zu spät zum vereinbarten Treffpunkt! Wir hatten schlicht die Zeit vertrödelt. Das Insel-Feeling „*Hang Loose*" hatte nun schon vollständig von uns Besitz ergriffen und keine hatte auf die Uhr geschaut. Trotzdem waren wir gerade noch rechtzeitig am Hafen angekommen.

Wir befanden uns auf dem gleichen Boot wie schon beim Delfinschwimmen, hatten auch fast die gleiche Crew dabei. Guter Dinge fuhren wir erneut aufs Meer hinaus, wo der Kapitän dann einen Ankerplatz suchte, was nicht ganz so leicht war, denn es waren schon einige andere Schiffe auch da draußen, und wenn zu viel los war, wollten sich die Mantarochen erfahrungsgemäß nicht so gerne zeigen.

Zunächst wurden wir mit schicken Neoprenanzügen ausgestattet, legten wieder unsere Flossen und Schnorchel an und ließen uns ins Wasser gleiten, was diesmal schon deutlich leichterfiel als beim ersten Ausflug. Im Wasser waren Schwimmmatten ausgelegt, an denen man einen Haltegriff ergattern und sich dann so ruhig und bewegungslos wie möglich auf dem Wasser treiben lassen sollte, den Blick in Richtung Meeresgrund gerichtet. Wir taten wie geheißen, aber es wollten sich absolut keine Mantarochen einstellen. Immer wieder wurden wir ermahnt, uns ruhig zu verhalten, um nur ja kein Tier zu vertreiben. Ich hatte damit grundsätzlich kein Problem, allerdings wurde mir irgendwann kalt und auch leicht übel, sodass ich nach einer Dreiviertelstunde von der Matte wegschwamm und ins Boot kletterte. Ein paar andere hatten das zuvor auch schon so gemacht, und ich gesellte mich zu ihnen. Von Bianca und Max hatte ich nichts mitgekriegt. Ich zog meinen Neoprenanzug aus und setzte mich auf die Bank – und von einer Sekunde auf die andere wurde mir speiübel, mein Magen rebellierte, und ich konnte mich gerade noch umdrehen, um über Bord zu reihern. Ich wusste überhaupt nicht, wie mir geschah, normalerweise musste ich mich nie übergeben. Offensichtlich hatte mir die geniale Kombination von Himbeereis und Kaffee nicht gutgetan. Allerdings hatte das Ganze mit einer simplen Übelkeit gar nichts zu tun, sondern war von einer Intensität, die mir bis dahin völlig unbekannt war.

Ich konnte mich kaum an der Reling festhalten, so heftig hatte es mich geschüttelt und gewürgt. Mir war gleichzeitig heiß und kalt, mein Magen wurde komplett von innen nach außen gedreht. Endlich ließ die Übelkeit nach, und ich drehte meinen Kopf zurück ins Boot – um mich gleich darauf der nächsten Welle zu übergeben und erneut über Bord zu reihern.

Nach einer gefühlten Ewigkeit war mein Magen total leer, keine Galle oder was auch sonst noch mehr da, was meinen Körper weiter hätte verlassen können, und ich wagte es, mich wieder richtig herum auf die Bank zu setzen. Da gesellte sich Ulrike zu mir, nahm mich in ihre Arme, tröstete mich und hielt mich während der einstündigen Rückfahrt wie ein Baby fest umschlungen. Dies war eine völlig neue Erfahrung für mich. So etwas war mir noch nie zuteilgeworden. Ich hatte mit Ulrike die ganzen Tage noch kaum ein Wort gewechselt, kannte sie eigentlich gar nicht, und dennoch war sie so liebevoll zu mir. Normalerweise hätte ich mich geschämt, weil ich mich hatte übergeben müssen. Ich hätte mich erst waschen wollen, bevor ich einer Menschenseele begegnete, aber nein, nichts von dem war der Fall. Sie hielt mich einfach nur fest, liebevoll, verständnisvoll, tröstend. Wunderbar. Ein reiner Akt der Menschenliebe war mir zuteilgeworden.

Manchmal braucht man nur eine Hand zum Halten
und ein Herz, das einen versteht.
(Sergio Bambaren)

Später behauptete Bianca, sie hätte von meiner Misere nichts mitbekommen. Sie sei nur froh gewesen, als ich endlich aus dem Wasser kletterte, denn ich hätte neben ihr eine solche Unruhe verbreitet, hätte ständig mit den Beinen gestrampelt, und sie sei deswegen von der Crew ermahnt worden, sodass sie erleichtert war, als ich endlich weg war! Wie bitte?? Mir war noch nicht einmal bewusst gewesen, dass Bianca neben mir am Haltegriff war?

Hatte ich heute unsere fünfundzwanzigjährige Freundschaft ins Meer gekotzt?

Donnerstag, 21. August

Auch der Donnerstag war randvoll mit Programm. Gleich morgens fuhren wir los zum *Akaka Falls State Park.*

Bereits vom Parkplatz aus bot sich eine großartige Sicht auf den Wasserfall. Allerdings schlichen hier auch auffallend viele Katzen herum. Warum sie wohl alle hier waren? Sie huschten zwischen den Fahrzeugen hin und her, näherten sich den Besuchern und ließen sich gerne streicheln oder schnurrten um unsere Beine herum. Wenn sie einen offenen Rucksack entdeckten, steckten sie sofort neugierig den Kopf hinein. Nun war ich aber gar kein Freund von Katzen. Diese Tiere waren mir einfach nur unheimlich. Doch offensichtlich waren sie hier zu Hause und hatten somit mehr Recht als ich, hier zu sein, also versuchte ich mich mit der Situation zu arrangieren.

Ins Tal hinunter führte ein zementierter Weg, der keine besondere Herausforderung darstellte. Hin und wieder kamen uns andere Besucher entgegen, und wir mussten ausweichen, aber das war nicht weiter schwierig. Leider war der Rundweg ab der Hälfte gesperrt, und wir mussten den gleichen Weg wieder zurückgehen, konnten also nicht den ganzen Zauber erleben, der diesen Ort umgab. Unter einem in die Breite gewachsenen Baum fand sich die Gruppe zu einer Meditation zusammen. Wir dankten den Spirits für Reinigung der Energie und Lichtaufladung. Nun – gereinigt hatte ich mich ja gestern schon auf dem Meer sehr gut, besonders von innen! Also war die Lichtaufladung umso intensiver. Vermutlich musste das alles so sein, denn erst wenn man Platz machte für Neues, konnte sich dieses auch wirklich einstellen.

Mittags fuhren wir weiter nach *Hilo*, wo wir ein Weilchen durch den beschaulichen Ort wanderten. Hier war es deutlich kühler als unten am Meer. In vielen Schaufenstern waren Hinweise zu lesen, wie der Sturm vor wenigen Tagen noch die Ladengeschäfte teilweise verwüstet hatte, und doch waren alle dankbar, dass niemand ernstlich zu Schaden gekommen war und sich die Natur jetzt wieder regenerieren durfte. Auch hier also das gleiche Prinzip wie bei meinem Körper: Die Natur hatte trockene Äste losgelassen und verdorrte Bäume entwurzelt, und nun war Platz für neue, frische Pflanzenaustriebe!

Ein bisschen außerhalb kehrten wir in einem einfachen Diner ein und bestellten uns ein Sandwich und einen Fruchtsaft aus ökologischem Anbau zum Mittagessen. Hier konnten wir außerdem wunderbare Postkarten einkaufen und ein paar handgefertigte Souvenirs für zu Hause.

Im *Volcano*-Nationalpark war es gegen Abend inzwischen empfindlich kalt geworden. Mit dieser Möglichkeit hatten wir absolut nicht gerechnet und daher auch leider keine warmen Sachen dabei. Hingegen freute sich Jasmin, dass sie alle Eventualitäten einkalkuliert hatte und nun eine lange Hose und eine wärmende Jacke überziehen konnte. „Ja, manchmal ist es echt gut, wenn man die Reiseunterlagen genau durchliest", freute sie sich, während sie sich an ihrem Rucksack zu schaffen machte. Bianca und ich liefen gerade zufällig an ihr vorbei, und schon keifte Bianca wieder los: „Das gibt's ja wohl nicht! Jetzt wird man auch noch verspottet, weil man nicht richtig vorbereitet ist! Dabei hätte man uns ja sagen können, dass es hier so kalt ist!" Ich versuchte, Bianca zu beschwichtigen.

„Hey, Jasmin meinte doch nicht uns mit dieser Bemerkung! Sie freut sich halt, dass sie passende Sachen dabeihat." „Jaja, ich hab's doch genau gehört, wie schadenfroh sie war!" Bianca ließ sich nicht davon abbringen. So langsam begriff ich, worum es hier eigentlich ging. Sie bezog alles Negative immer nur auf sich. Wenn es regnete, war sie schuld, wenn Roland Hunger hatte, musste sie für Abhilfe sorgen, und so weiter und so fort. Sie fühlte sich bereits so als Opfer, dass sie sich auch immer gleich jeden Schuh anzog.

Pass auf, mit welchen Augen du die Welt betrachtest,
denn die Welt wird genau so aussehen, wie du sie ansiehst.
(Sergio Bambaren)

Irgendetwas lief hier gewaltig schief. So war Bianca doch früher nicht gewesen. Ich konnte es einfach nicht begreifen und auch nicht erklären. Sie war immer die Coolere von uns beiden, der es leichtfiel, zu improvisieren und immer das Beste aus jeder Situation zu machen.

Gemeinsam liefen wir tiefer in den Park hinein und wagten uns an eine der vielen Öffnungen des aktiven Vulkans. Wibke ermutigte uns, einmal über das Schutzgeländer direkt in die Öffnung hineinzuschauen. OMG – darauf war ich nicht gefasst gewesen. Eine unglaubliche Hitzewelle schlug mir ins Gesicht, feucht-heißer Dampf und Lavapartikel brannten in den Augen und verabreichten mir eine unerwünschte, aber umso heftigere Gesichtsstraffung! Help!!! Ich schreckte zurück, aber auch jetzt wurde es nicht unbedingt besser, denn der Dampf kühlte sofort ab, und zurück blieb eine unangenehme Nässe, die zusammen mit den ohnehin schon frostigen Temperaturen und dem Wind das Kältegefühl noch verstärkte und mich nur noch frieren ließ. Jetzt konnten mich diese Naturwunder und auch der Ausblick über diese unwirkliche Kraterlandschaft überhaupt nicht mehr begeistern. Ich sehnte mich nach Wärme, nach kuscheligen Anziehsachen und etwas Heißem zu trinken, sprich ich wollte nur noch weg hier! Also verzichteten Bianca und ich auf einen weiteren Spaziergang und suchten Zuflucht im Planetarium. Dort gab es viel über Hawaii und den einzigartigen Sternenhimmel zu lesen, aber Bianca konnte sich gar nicht mehr beruhigen über die Art und Weise, wie sie – in ihrer Wahrnehmung – in puncto Kleidung hintergangen worden war und man sich jetzt über sie lustig machte. Ihre Laune wurde immer schlechter, und so nutzten wir die erstbeste Rückfahrgelegenheit und ließen uns mitnehmen zurück nach *Waikoloa*. Dass dies ein Fehler war, erkannte ich erst in den kommenden Tagen, als die übrigen Seminarteilnehmer nicht müde wurden, über ihre wunderbaren Erlebnisse unterm Sternenhimmel auf *Volcano* zu berichten. Die Gruppe hatte im Freien meditiert und dabei intensive Eindrücke gesammelt. Schade für uns.

Freitag, 22. August

Heute waren wir zum *Luau* angemeldet, einem großen Festschmaus mit traditionellen Gerichten, im Erdofen der Hawaiianer gegart, und folkloristischen Vorführungen. Einheimische zeigten Tanzaufführungen in authentischen Kostümen, und es wurden alte Kriegsrituale vorgeführt. Mehrere hundert Menschen hatten sich unter freiem Himmel zusammengefunden, um dem Spektakel beizuwohnen. Für mich wurde es auch ein Spektakel, aber nicht so lustig. Bianca hatte sich nach dem Besuch in *Volcano* gar nicht mehr beruhigt, und irgendwann wurde es mir einfach zu viel, und ich sagte ihr, sie dürfe nicht immer alles auf sich beziehen, denn das Universum wolle ihr nichts Böses. Das kam leider gar nicht gut an, und sie sprach von da an kein Wort mehr mit mir.

Zur Teilnahme am *Luau* hatte sie auch Roland und Max angemeldet. Und so fuhren die drei für sich, während ich mich zu Petra und Anja ins Auto gesellte. Wir kamen zeitversetzt an, und ich freute mich schon, weit weg von den anderen dreien zu sitzen, als diese dann zwar an einer entfernteren Tischreihe Platz nahmen, aber genau so, dass ich die ganze Zeit über Roland direkt ins Gesicht schauen musste. Das war für mich eine einzige Tortur, und ich sagte mir irgendwann: Kein Alkohol ist auch keine Lösung, und stellte mich sogleich in der Schlange mit den Getränken an. Da alles unter freiem Himmel aufgebaut war, gab es zwei lange Reihen mit Essen und eine noch längere Reihe für die Getränke. Nun gut, es war auf jeden Fall besser, hier zu warten, als Roland schräg gegenüberzusitzen. Irgendwann rief einer der Angestellten, wer einen *Mai Tai* wolle, könne sich in der Schlange nach vorne bewegen und sich aus einem großen Gefäß einfach selbst ein Glas eingießen, während die Leute, die einen Wein trinken wollten, warten sollten, bis dieser von einer Servicekraft eingegossen wurde. Ich tat es also den anderen gleich, lief ein paar Meter nach vorne und füllte eine Schöpfkelle des Getränkes aus der Schale in mein Glas. Als ich damit endlich zurück an meinen Tisch kam, hatten die anderen schon fast fertig gegessen. Und erneut war ich den Blicken von Roland schutzlos ausgeliefert, was mir den Appetit obendrein gründlich verdarb. Nach einer Weile zog ich mit Anja los, um einen weiteren *Mai Tai* zu holen. Petra hatte mich gebeten, ihr doch ein Glas Chardonnay mitzubringen. Also erneut dasselbe Spiel, die Schlange schien immer noch gleich lang. Geraume Zeit später gelangten wir zurück an unseren Tisch, der Weißwein war warm geworden, die *Mai Tais* schmeckten trotzdem, taten aber irgendwie keinerlei Wirkung. Missmutig hatte ich wieder meinen Platz eingenommen. Doch auch Anja und Petra konnten sich für die Vorführungen nicht so recht begeistern, und wir fühlten uns alle drei nicht wirklich wohl in unserer Haut. Das ganze *Luau* war doch mehr eine Großveranstaltung für Touristen als ein echtes folkloristisches Ereignis, und so brachen wir schon sehr bald zur Heimfahrt auf, noch bevor die Vorführungen zu Ende waren. Später erzählte uns jemand, dass Anja und ich *Virgin Mai Tais* getrunken hätten, denn eigentlich hätte uns der Kellner den Rum noch separat ausschenken müssen. Kein Wunder also, dass wir nichts von der Wirkung des Alkohols spürten! So war es dazu gekommen, dass unsere Chauffeurin Chardonnay getrunken hatte, während wir zwei Beifahrerinnen nüchtern nach Hause chauffiert wurden. Wir lachten herzhaft darüber, doch plötzlich wurde mir schmerzhaft bewusst, dass dies nun schon der zweite Abend war, an dem ich die Gruppe fluchtartig verlassen hatte, weil ich mich in Rolands Gegenwart einfach nicht wohlgefühlt hatte. Weinend saß ich auf dem Rücksitz und fragte mich, wie es so weit hatte kommen können. Ich hatte diese Reise angetreten, um Freiheit und Abenteuer zu erleben. Stattdessen geriet ich immer wieder wie ein hilfloses Kind in Situationen, in denen es schutzlos seinen despotischen Eltern ausgeliefert war.

Samstag, 23. August: Abschlussgespräch

Beim Frühstück auf der Terrasse erzählte mir Klaus, wie er sich mit ein paar Freunden aus der Gruppe gestern Abend nach dem *Luau* noch amüsiert hatte. Zu Fuß waren sie weitergezogen in die Stadt und hatten in einer Bar *Kava Kava* probiert. Rauschpfeffer, aus dessen pflanzlichen Extrakten ein berauschendes Getränk hergestellt wird, das gerne bei traditionellen Gelegenheiten verkonsumiert und offensichtlich in *Kona* auch in der einen oder anderen Bar angeboten wurde. Jedenfalls hatten sich alle aufs Beste amüsiert, auch wenn niemand mehr wusste, wie sie anschließend eigentlich nach Hause gekommen waren.

Für heute hatte Jeanne persönliche Abschlussgespräche angesetzt, die auf der Wiese vor der Hotelanlage unter freiem Himmel stattfinden sollten. Ich war schon zeitig am Treffpunkt und legte mich etwas abseits auf die Wiese, um mir die Ereignisse der vergangenen Tage und auch die intensiven Gespräche mit meinem WG-Genossen Klaus noch einmal in Ruhe durch den Kopf gehen zu lassen, bevor ich mein Einzelgespräch hatte. Da hielt plötzlich Rolands SUV auf der Straße an, meine Freundin Bianca hüpfte betont beschwingt heraus und kniete sich neben mich ins Gras. Ich weiß bis heute nicht, was sie eigentlich gesagt hat, denn ich war mit meinen Gedanken gerade so weit weg. Leider ließ sie mir gar keine Gelegenheit, mich auf sie einzustellen. Ich hörte sie nur noch sagen: „Na ja, dann halt nicht. Es ist sowieso besser so.“ Schon sprang sie zurück in den SUV, und weg waren die zwei! Hatte sich Bianca bei mir vom Seminar abgemeldet? Sollte ich sie entschuldigen? Musste sie nur eben Roland zum Golfplatz bringen und kam dann zurück? Keine Ahnung! Ich ärgerte mich, wie sie mich so brüsk aus meinem meditativen Zustand herausholen konnte und genauso plötzlich wieder verschwand, ohne mir etwas Konkretes mitzuteilen. Später am Flugplatz würde sie mir dann erzählen, dass sie sich sicher war, dass Jeanne ihr sowieso nichts zu geben hatte. Oder genauer: „Was könnte Jeanne mir schon groß über mich erzählen? Sie kennt mich ja gar nicht!“, waren beim Rückflug ihre Worte. Und diese unglaubliche Aussage stammte ausgerechnet von Bianca, die selber schon seit Jahrzehnten anderen Leuten auf den Kopf zusagen konnte, wie sie sich fühlten und warum, weil sie nämlich unter die Oberfläche schauen konnte. Die Frau, die aus Tarotkarten schon vor zwanzig Jahren die unglaublichsten Dinge lesen konnte. Irgendwie hatte sie sich um hundertachtzig Grad gewendet und sich zurückentwickelt statt weiter nach vorne!

Aber im Moment ließ sie mich einfach nur ratlos auf der Wiese zurück.

Für das Abschlussgespräch hatte jeder die Möglichkeit, eine konkrete Frage zu stellen. Was wollte ich fragen? Was wollte ich wissen? Mir fiel absolut nichts ein – oder hatte ich nur Angst vor einer ehrlichen Antwort? Wie dem auch sei, ich wusste, dass uns das Universum immer genau die Antwort gab, die wir gerade brauchten, ob wir die Frage nun gestellt hatten oder nicht. Und so kam es, dass Jeanne mir in liebevollen Worten erzählte, dass ich hier auf Hawaii tatsächlich Situationen aus meiner Kindheit hatte aufarbeiten dürfen. Als Älteste von drei Geschwistern war ich immer wieder zwischen die Fronten geraten, und stets wurde mir gesagt, ich hätte es besser wissen müssen, denn ich war ja schon groß und musste also vernünftig sein.

Außerdem bemerkte Jeanne den energetischen Schildkrötenpanzer auf meinem Rücken, in den ich mich immer zurückzog, wenn es schwierig wurde, anstatt mich den Dingen zu stellen. Dieser Panzer hatte zwar schon oft mein Überleben gesichert, aber nun war es an der Zeit, die Herausforderungen anzunehmen, in meine eigene Kraft zu kommen und diese einzusetzen, zum höchsten Wohle aller Beteiligten.

Tränen der Erkenntnis und Erleichterung liefen mir übers Gesicht, als ich Jeanne zum Dank umarmte.

Doch wie sollte es nun weitergehen? In ein paar Tagen würde Klaus abreisen, und dann musste auch ich das Apartment verlassen. Bianca wollte mit Roland nach *Maui* fliegen, aber nur für zwei Tage, und ich wollte auf keinen Fall in unser gemeinsames Apartment zurück und dort wieder mit ihnen zusammenwohnen. Jeanne fragte mich, was denn eigentlich zwischen Bianca und mir vorgefallen sei. Ihr gegenüber habe Bianca erklärt, sie komme nicht mehr zu den Veranstaltungen, damit ich „in Ruhe mein Seminar zu Ende machen" könne. Okay, und mir hatte sie erklärt, sie komme nicht mehr, weil sie von Jeanne sowieso nichts Brauchbares erwarte. Interessant. Sie log uns also beide an, und damit entsprachen beide Darstellungen auch nicht der Wahrheit. Anderen Seminarteilnehmern hatte Bianca erklärt, es komme immer wieder zu Konfrontationen, weil ich halt nicht bereit sei, Aufgaben im Haushalt zu übernehmen! Meine liebe Bianca, hast du solche Gemeinheiten wirklich nötig?

Am Dienstag war es dann so weit. Bianca flog mit Roland nach *Maui*, ohne vorher mit mir zu sprechen, ohne mir den Schlüssel fürs Apartment dazulassen, welches zur Hälfte ja auch mir gehörte, und ohne zu sagen, wann sie genau wiederkommen würde.

Als ich sie auf dem Heimflug später zur Rede stellte, meinte sie nur schnippisch: „Du hast ja nicht auf meine SMS geantwortet!“ Ich erinnerte sie daran, dass ich nur ein simples Handy mein Eigen nannte, welches auf Hawaii keinen Empfang hatte, was sie eigentlich von unserer Reise nach Shanghai noch wissen sollte, aber das interessierte sie nicht weiter, bzw. sie ging überhaupt nicht darauf ein. „Ach so, na gut“, war alles, was sie dazu sagte. Nun, „gut“ konnte ich daran nichts finden. Schließlich hätte sie gerade mal eine Treppe hinuntersteigen müssen, um ihre langjährige Freundin persönlich über Art und Dauer ihres *Maui*-Trips zu informieren. Aber das hielt sie nicht für nötig.

Also bin ich wieder einmal zur Rezeption gegangen, wo ich auf Darlene traf, eine dunkelhäutige Einheimische. Ich schilderte ihr meine Situation und bat um ein anderes Zimmer, weil ich die Streitereien zwischen meinen Zimmergenossen einfach nicht mehr aushielt. Ihre spontane Reaktion war: „Do you want me to come and spray?“ Als ursprüngliche Hawaiianerin erfasste sie die Situation intuitiv und wollte mir helfen, indem sie mit Hilfe der Spirits die negativen Energien ausräucherte. Das war total lieb gemeint von ihr, und ich dankte ihr sehr, aber für mich war einfach schon zu viel passiert, und ich wollte nicht mehr zurück. Darlene meinte daraufhin, sie könnte mir gerne ein neues Zimmer geben, das müsste ich aber zusätzlich bezahlen! Denn ich hatte Flug und Unterkunft über den Reiseveranstalter als Paket gebucht – und da war eine Änderung nicht vorgesehen.

Eine blonde Frau stand neben mir an der Rezeption. Ich hielt sie für einen anderen Hotelgast, als sie sich einmischte und an Darlene gerichtet fragte: „Why should she have to pay again?“ Darlene: „Because she booked a package, honey.“ Und da sind Sonderwünsche nun mal nicht drin. Nun, die blonde Frau fand das nicht richtig und meinte, sie hätte Platz genug bei sich zu Hause und ich könnte bei ihr wohnen. Ich sah sie fragend an, denn mir war bis dahin nicht klar, dass es sich auch bei ihr um eine Inselbewohnerin handelte. Nein, sie habe früher mal hier in dieser Hotelanlage gearbeitet und wohne jetzt ganz in der Nähe in einem Ferienhaus. Außerdem habe sie gerade ihre Stromrechnung erhalten und keine Ahnung, wie sie die bezahlen sollte. Sie hätte sich den Luxus geleistet, die Klimaanlage einzuschalten, ohne zu ahnen, wie sich das auf den Stromverbrauch und die Kosten auswirken würde. Wenn ich also von dieser Rechnung einen Teil übernahm, könnte ich gerne für die restliche Dauer meines Aufenthalts bei ihr wohnen. Ich sah von ihr zu Darlene, und diese rief sofort: „Go with her, honey, go with her!!"

Und schon saß ich bei einer wildfremden Frau im Auto, und sie fuhr mit mir los. Sie stellte sich als Helen vor und erzählte, sie kenne Darlene von der Arbeit her. Mir gingen kurz verschiedene Krimis durch den Kopf, und ich versuchte, das Risiko abzuwägen, dem ich mich hier ausgeliefert hatte, indem ich mit einer völlig Fremden irgendwohin fuhr. Schließlich fragte ich sie einfach nur: „Do you believe in angels?" Sie blickte mich an und sagte: „Sure!" Okay, alles klar. Ich war bei ihr sicher!

Wir fuhren ein paar hundert Meter die Straße entlang, bevor sie in ein anderes Ferienresort einbog. An der Schranke gab sie einen Zahlencode ein, fuhr hindurch, und kurz darauf standen wir auch schon vor ihrem Haus. Ein schickes kleines Ferienhaus, kompakt gebaut, zweistöckig mit Doppelgarage, und umrahmt von anderen Häusern, die alle exakt gleich aussahen. Sie parkte den Wagen und deutete auf die Haustür, die sie niemals abschloss, denn hier passiere niemals irgendetwas. Und selbst wenn sich ein Einbrecher zu ihr verirren sollte – es gäbe sowieso nichts zu holen, meinte sie mit einem Schmunzeln. Ich trat durch die Tür und blickte mich um: Von einer kleinen Diele, in der ein Schreibtisch mit PC seinen Platz gefunden hatte, gelangte man in eine offene Wohnküche auf einem erhöhten Absatz, davor war der Essbereich und daneben, unter der Treppe, die in den oberen Stock führte, eine gemütliche Sitzgruppe. Durch eine gläserne Schiebetür trat man hinaus auf eine kleine Terrasse, über welche man zum Poolbereich gelangte. „So, this is it, how do you like it?" Mir gefiel's!

Gemeinsam gingen wir die Treppe hoch in den oberen Stock, wo sich ein Master Bedroom mit eigenem Bad und Balkon zum Pool hinaus befand und außerdem ein Gästezimmer mit zwei

Queensize-Betten und einem Bad. Wunderbar, hier würde ich mich wohlfühlen! Ich einigte mich mit Helen auf 200 Dollar Miete für die restliche Woche, und sie sagte mir zu, dass ich auch mit ihr essen könne und sie mich auf jeden Fall am Samstag zum Flughafen fahren würde, „free of charge"! Super, alles perfekt. Doch zunächst einmal brachte sie mich zurück zu meinem Resort, denn noch stand mir Klaus' Apartment ja zur Verfügung, und außerdem waren alle meine Sachen dort.

Ich hatte mich mit Anja und Petra verabredet, um noch einmal in Ruhe nach *Kona* zu fahren und dort ein paar schöne Stunden zu verbringen. Die Autofahrt war heute allerdings nicht ganz so entspannt wie sonst. Petra machte trotz der ihr eigenen stoischen Art einen gereizten Eindruck und fuhr ziemlich unwirsch durch die Gegend. Ja, wir bekamen hier alle die starken Energien der Spirits zu spüren und bei jedem machten sie sich auf ihre eigene Art bemerkbar. Ganz offensichtlich durchlebte auch die liebe Petra gerade ihren ganz eigenen Entwicklungsprozess. Einmal machte sie an einer gelben Ampel eine solche Vollbremsung, dass Anja und ich dadurch unsanft nach vorne geschleudert wurden, ein andermal fuhr sie dann lieber gleich bei Rot über die Kreuzung, obwohl schon Gegenverkehr heranbrauste. Wir versuchten ruhig zu bleiben, weil wir schon ahnten, dass durch eine entsprechende Bemerkung von uns ihr Fahrstil sicher nicht besser wurde. Als Petra dann auch noch fast einen Anhänger rammte, der ein Boot geladen hatte, und dessen Kiel drohte, unsere Windschutzscheibe einzuschlagen, entfleuchte der lieben Anja dann doch ein „Oh mein Gott!" Und da ging's los. „Magst du lieber fahren, meine liebe Anja? Wenn nicht, dann möcht ich dich doch bitten, dich mit Kommentaren zurückzuhalten!" Nun half natürlich gar nichts mehr. Anja: „Entschuldige bitte, liebe Petra, ich hatte gerade Angst um mein Leben, und da kommt es schon mal vor, dass mir vor Schreck ein „Oh Gott" rausrutscht!"

Oje, die Chemie zwischen den beiden hatte schon vom ersten Tag an nicht so ganz gestimmt, aber weil jede auf ihre Art eine ganz liebe Seele war, hatten sich beide entsprechend zurückhalten können. Es wäre zu schade gewesen, wenn es nun so kurz vor Schluss der Reise doch noch zu einem offenen Konflikt gekommen wäre. Entsprechend angespannt war die Stimmung dann auch während unseres Bummels durch die Stadt. Ich war gefühlsmäßig eher auf der gleichen Wellenlänge wie Anja, wollte aber nicht gegen Petra Partei ergreifen. Da erinnerte ich mich an die Worte, die *Jeanne Ruland* mir beim Abschlussgespräch gesagt hatte, dass ich immer wieder in Konfliktsituationen zwischen die Fronten geraten würde, völlig ohne mein Zutun. Also war es wohl schon wieder so weit. Ich war zwar vor Roland und Bianca geflüchtet, aber das half nichts an meiner ursprünglichen Situation. Das hatte ich nun erkannt, doch wie sollte ich mich verhalten? Aus meiner Sicht wäre es richtig gewesen, Anja zu unterstützen und Petra für ihr unangepasstes Fahrverhalten zu rügen. Nur, dazu fehlte mir der Mut! Also ließ ich Anja im Stich und versuchte so wenig wie möglich mit Petra zu reden, damit Anja nicht das Gefühl bekam, ich sei gegen sie. Himmel! So was Blödes. Das war eine echte Zwickmühle. Wenn es dumm lief, hatte ich am Ende beide gegen mich. Gab es hier eine Lösung? Vermutlich hätte ich direkt beim Vorfall im Auto Anja unterstützen können, indem ich ihr beigepflichtet hätte, vielleicht mit den Worten: „Das war aber echt knapp, Petra!“ Dann wäre die vielleicht kurz eingeschnappt gewesen, hätte aber ehrlich zugeben müssen, dass es knapp war! Und ein paar Minuten später wäre die Situation ausgestanden gewesen. So aber verfolgte uns diese ungute Stimmung und verdarb den ganzen Nachmittag.

Wir schlenderten gemeinsam durch die Straßen, gingen in das eine oder andere Geschäft, ohne aber wirklich etwas zu suchen. Hier gab es Läden mit Hawaii-T-Shirts, Hemden, Röcken, Postkarten etc. Schließlich kaufte ich für meinen Sohn ein T-Shirt mit einer Turtle, die für „Schutz“ stand, und für meine Tochter ein T-Shirt mit Blumen und Hawaii-Schriftzug. Für meine Nichten erstand ich ein paar schöne Halsketten. Ich überlegte noch, ob ich mir die Haare schneiden lassen wollte, brachte dann aber doch nicht wirklich den Mut auf, meinen Kopf einem fremden Friseur anzuvertrauen. Stattdessen hielt ich Ausschau nach einem Nagelstudio. Ich war schon ganze zwei Wochen auf Hawaii und hatte noch keinen passenden Nagellack! Das wollte ich nun wirklich endlich ändern, konnte aber kein entsprechendes Geschäft dafür finden.

Irgendwann setzten wir uns in ein schönes Speiselokal, an einen Tisch direkt am Meer und orderten erst mal einen erfrischenden Cocktail. Wir beobachteten ein paar Surfer, die atemberaubende Stunts auf ihren Boards zauberten, ohne darüber nachzudenken, was passieren würde, wenn sie auf einem der unzähligen Felsbrocken aufschlugen, die überall in Ufernähe aus dem Wasser ragten. Mir blieb unbegreiflich, wie man so seine Gesundheit aufs Spiel setzen konnte, denn nach meinem Ermessen war es nur eine Frage der Zeit, bis der Erste von einer Welle gegen einen der riesigen Steine geschleudert wurde.

Ob nun durch die Wirkung des Alkohols oder weil wir uns kollektiv um die Surfer ängstigten, jedenfalls entspannte sich die Atmosphäre wieder, und auf der Rückfahrt erzählte Petra, dass sie schon mehrmals auf Hawaii gewesen war, aber noch nie auf *Big Island.* Nun war sie sehr glücklich darüber, die verschiedenen heiligen Stätten besucht zu haben, was ganz offensichtlich auch bei ihr noch nachwirkte. In wenigen Tagen wollte sie nun schon weiterreisen, um noch gute Freunde in San Francisco zu besuchen. Ich beneidete sie darum! Bei der Gelegenheit erfuhr ich auch, dass Anja mit Jeanne und deren Familie weiter nach *Maui* fliegen würde. Das hieß, dass ich schon bald keine Unterkunft und keine Fahrgelegenheit mehr hätte. Umso glücklicher war ich über meinen Deal mit der lieben Helen, den ich vormittags geschlossen hatte. Ich war versorgt und hatte zudem das große Glück, mit einer Einheimischen zusammenzuwohnen, die mir noch viel mehr von *Big Island* zeigen wollte.

Schon war es so weit, Klaus hatte seine Sachen gepackt und war abgereist. Und ich wartete mit meinen Koffern im Apartment darauf, dass Helen mich wie vereinbart abholen würde. Geschlagene drei Stunden habe ich so zugebracht. Immer wieder klingelte es in dieser Zeit an der Tür, aber es waren jedes Mal Hotelangestellte, die das Apartment reinigen wollten. Ich erklärte ihnen, ich wartete auf jemanden, der mich abholt, und sie waren sehr freundlich und verständnisvoll. Niemand verlangte, dass ich das Apartment sofort räumte. Aber schließlich wurde mir dann selbst die Zeit zu lang, und ich verließ das Apartment und setzte mich auf dem Parkplatz in den Schatten eines Baumes. Was tun? Ich hatte keine Telefonnummer von Helen, kannte noch nicht einmal ihren Nachnamen. Wollte ich zur Rezeption rüberlaufen, um nach ihr zu fragen, müsste ich mein Gepäck hier im Freien unbeaufsichtigt zurücklassen, was ich auch nicht unbedingt wollte. Außerdem wusste ich ja auch nicht, ob Darlene heute Dienst hatte.

Da bemerkte ich einen Mann mit einem Golfcart vor der Registration und lief einem inneren Impuls folgend hinüber. Es stellte sich heraus, Helen war verhindert und hatte ihn gebeten, mich abzuholen, allerdings glaubte er, ich würde an der Anmeldung warten. Nun denn, jetzt hatten wir uns ja gefunden! Er lud mein Gepäck auf den Golfwagen, und gemeinsam fuhren wir in das andere Resort hinüber, was bei der langsamen Geschwindigkeit des Gefährts fast eine halbe Stunde dauerte. Der Fahrer erzählte mir währenddessen, dass er Helen schon lange kannte, er habe früher für sie gearbeitet. Er selbst stamme nicht von Hawaii, sondern von einer der vielen anderen Inseln Polynesiens. Er arbeitete schon seit vielen Jahren hier fürs Hotel und unterstützte mit dem Geld seine Familie zu Hause. Demnach war auch das Inselparadies Hawaii nicht perfekt, denn hier wie anderswo nutzte man die Armut fremder Völker aus, indem man sie als billige Arbeitskräfte vermarktete. Eine traurige Feststellung, die so gar nicht zu meinem positiven Eindruck der Insel passen wollte.

Als wir vor Helens Haus ankamen, war auch diesmal die Haustür nicht abgeschlossen, und ich brachte meine Koffer hinein – allerdings staunte ich nicht schlecht, dass auf dem Fußboden im Wohnzimmer eine junge Frau saß, die mit zwei kleinen Mädchen spielte. War ich im falschen Haus gelandet? Ich entschuldigte mich, dass ich, ohne zu klingeln, einfach hereingekommen war – aber die junge Frau war nicht überrascht. Sie stellte sich vor als Helens Tochter, die mit deren Enkelkindern zu Besuch war. Nun denn, das klang ja ganz unterhaltsam, wenngleich ich damit nicht gerechnet hatte.

Helen war mal wieder spontan zur Arbeit gerufen worden, was häufig der Fall war, wie ich später feststellen konnte, denn sie hatte gleich mehrere Jobs. Sie verwaltete die Häuser in der Ferienanlage, in der sie lebte, und durfte dafür mietfrei in einem der Häuser wohnen. Was mir jetzt zum Vorteil gereichte. Außerdem leistete sie Fahrdienst zum Flughafen und zu allerlei Social Events auf der Insel, wodurch sie sich natürlich überall bestens auskannte und zurechtfand. Das konnte aber noch nicht alles gewesen sein, doch habe ich über ihre anderen Jobs keine Einzelheiten mehr erfahren können.

Ich ging nach oben, um meine Koffer auszupacken, und ließ mir sehr lange Zeit, mich im Zimmer einzurichten. Helen kam erst Stunden später nach Hause, als ich bereits mit ihrer Tochter und Enkeltöchtern zum Kennenlernen im Wohnzimmer saß. Wir aßen gemeinsam zu Abend, was bedeutete, dass ihre Tochter Miranda und ich zusammen am Esstisch saßen, während Helen in der Küche stand, kochte und nebenbei eine Kleinigkeit zu sich nahm. Die beiden Kleinen erhielten ihre Mahlzeit an einem Kindertisch draußen auf der Terrasse. So konnten sie ihr Essen wunderbar mit zwei Katzen teilen, die ständig um sie herumschlichen.

Nach dem Essen unternahmen wir einen gemeinsamen Spaziergang, der uns aus der Anlage heraus ein Stück die Straße entlangführte, vorbei am *King's Trail*, der seit Mitte des neunzehnten Jahrhunderts zweiunddreißig Meilen weit quer über die Insel verlief, mitten durch Lavagestein hindurch. Helen erzählte, sie wollte diesen Trail einmal selber gehen, habe dann aber wieder aufgegeben, weil es tagsüber zwischen den Lavablöcken einfach zu heiß wurde und nachts der Weg in der Dunkelheit zu gefährlich für sie war.

Helen und ihre Tochter wollten sich gerne vertraulich unterhalten, ohne dass die Kinder es mitkriegten, aber das war aus mehreren Gründen absolut unmöglich. Zum einen rochen die beiden den Braten und wichen Mom und Granny nicht von der Seite, und dann brach aus dem Nichts urplötzlich ein Regen über uns herein. Zunächst dachten wir, es handle sich bloß um ein bisschen Spray, und der konnte sogar ganz angenehm sein bei der Hitze, aber innerhalb nur weniger Minuten wandelte sich der leichte Regen in ein vorsintflutliches Gewitter, und wir hatten Mühe, überhaupt zum Resort zurückzufinden. Der Regen war so stark, dass selbst das Atmen Mühe machte, und wir waren alle fünf völlig ausgepowert und pitschnass, als wir die Apartmenttür hinter uns schließen konnten. Ich ging nach oben um mich abzutrocknen, während Helen und ihre Tochter unten im Wohnzimmer ein Nachtlager herrichteten. Offensichtlich wollten die drei nun doch länger hierbleiben. Helen und Miranda schliefen auf der Couch, während die beiden Mädchen Helens riesiges Bett im Master Bedroom haben durften. Ich hatte das nicht so recht verstanden, aber Helen meinte, die Matratze oben sei für ihren Rücken viel zu hart und sie bevorzuge daher ohnehin die Couch.

Am nächsten Morgen hatte der Regen aufgehört, und die Luft war wunderbar frisch und rein. Ich war kurz nach fünf Uhr aufgewacht und wollte die ruhige Tageszeit nutzen, um zu walken. Also ging ich so leise wie möglich die Treppe runter und zur Haustür raus, die wie immer unverschlossen war. Leider rutschte mir diese aus der Hand und schlug zu, sodass Miranda unwillkürlich aufschreckte und fragend den Kopf hob. Ich entschuldigte mich, und sie schlief beruhigt weiter.

Ich lief zum Resort raus und die Straße entlang Richtung Strand, um herauszufinden, wie weit der Weg von hier war und ob ich diesen auch mit Badezeug und Strandtasche für mich alleine bewältigen konnte. Denn als ich erkannte, dass Miranda und die Kinder länger bleiben würden und Helen ohnehin immer wieder zur Arbeit musste, wollte ich auf gar keinen Fall mehr Zeit als nötig im Apartment oder allein am Pool zubringen, sondern überwiegend am Meer sein. Tatsächlich musste ich fast eine ganze Stunde zügig walken, um zu der Stelle am Strand zu kommen, wo die Umkleidekabinen und der *LavaLava*-Club waren. Und ich bedauerte schon, dass ich meine Sachen nicht gleich mitgenommen hatte. Denn nun musste ich zurücklaufen und den Weg womöglich erneut machen. Somit wäre ich dann schon drei Stunden gelaufen, ohne überhaupt im Meer gewesen zu sein.

Als ich nach knapp zwei Stunden wieder im Ferienhaus ankam, war Miranda bereits weggefahren, und Helen erzählte mir beim Frühstück den eigentlichen Grund ihres Besuchs. Mirandas Ehemann hatte nach achtzehn Jahren wieder angefangen zu trinken. Er war im Begriff, seinen Job zu verlieren, und Miranda wollte sich jetzt in Ruhe ohne die Kinder mit ihm aussprechen und ihn dazu bewegen, einen Entzug zu machen. So kam es, dass Helen und ich den Rest des Tages mit den beiden kleinen Mädchen in einer Bucht am Meer verbrachten.

Auch die nächsten Tage musste sie die Kinder hüten, sodass unser geplantes Ferienprogramm ziemlich abgewandelt wurde. Und immer wieder erhielt sie zwischendurch Anrufe von ihrem mysteriösen Arbeitgeber. So sollte sie für einen neuen Mieter eine

Waschmaschine besorgen, was für sie bedeutete, geschwind zu *Target* nach *Kona* zu fahren und sich nach einem geeigneten Gerät umzuschauen. Die Kinder wurden kurzerhand in den Van geladen, dazu eine Kühlbox mit Getränken und Snacks, und schon ging die Fahrt los.

Helen setzte mich in Downtown *Kona* ab, damit ich endlich die langersehnte Maniküre bekommen sollte, während sie mit den Kindern weiterfuhr, um die benötigte Maschine zu kaufen. Der Plan war gut. Ich wanderte etliche Minuten in der Straße mit den Ladengeschäften auf und ab, nur um schließlich in Erfahrung zu bringen, dass der einzige Nail Parlor vor zwei Monaten geschlossen und bislang kein anderes Geschäft dort eröffnet hatte. Irgendwie standen meine Beauty Pläne unter einem schlechten Stern. Deshalb erstand ich nun in einer kleinen Parfümerie ein Pflegeset, um meine Nägel selber in Form zu bringen, was jedoch für mich nur eine Notlösung war. Allerdings war die Verkäuferin ganz besonders freundlich und überzeugte mich mithilfe ihrer eigenen Nägel von der Wirksamkeit des Präparats. So ging ich zumindest mit einem guten Gefühl aus dem Laden hinaus.

Gerne hätte ich noch ein Weilchen weitergesucht, ob sich nicht doch noch ein Nagelstudio fände, aber die vereinbarte Zeit war schon fast vorbei, und ich gesellte mich zurück an den Platz, wo Helen mich abholen würde. Schließlich wollte ich nicht, dass sie mit den Mädchen noch lange nach mir suchen musste, denn für die beiden war der Trip insgesamt sicher kein Vergnügen. Da saß ich nun zwei geschlagene Stunden, wartend, am Straßenrand, in der Sonne – ohne Trinken – ohne Maniküre – immer noch ohne eine Telefonnummer von Helen … Was, wenn sie nun nicht mehr zurückkam? Es konnte ja theoretisch alles Mögliche passiert sein, und niemand außer ihr wusste schließlich, dass ich hier auf sie wartete. Noch bevor ich mir den Worst Case ausmalen konnte, entdeckte ich ihren Van im fließenden Straßenverkehr. Ein Stein fiel mir vom Herzen. Als ich einstieg, entschuldigte sie sich für die Verspätung. Im ersten Geschäft war die Maschine, die sie kaufen sollte, nicht vorrätig, und so musste sie noch in zwei anderen Geschäften nachfragen, ehe sie tatsächlich eine passende Waschmaschine erstehen konnte. Ich wunderte mich, wie so eine zierliche Frau überhaupt die Strapazen auf sich nehmen konnte, ein derart schweres, sperriges Gerät zu besorgen. Aber sie versicherte mir, dass das kein Problem darstellte. Im Geschäft wurde das Gerät in den Van verladen, und in der Feriensiedlung würde sie schon noch jemanden finden, der ihr beim Ausladen behilflich wäre. „*Hang Loose*" war schließlich auch hier das Motto.

Die beiden Kinder waren inzwischen vor Erschöpfung im Auto eingeschlafen, und wir fuhren in Ruhe zurück zu ihrem Haus. Ich schalt mich insgeheim, dass ich mich so verrückt gemacht hatte. Schließlich hätte ich mich auch in ein Café setzen und etwas essen können, um die Wartezeit zu überbrücken. Aber ich wusste ja nicht, wie lange sie sich tatsächlich verspäten würde, und wollte sie halt auf keinen Fall verpassen.

Ohne Mobilnetzempfang und ohne Helens Telefonnummer hatte ich wieder ein paar Stunden wartend in Ungewissheit zugebracht. Immer wieder vergeudete ich meine kostbare Urlaubszeit,

anstatt zu tun, was ich gerne tun wollte. Im Meer schwimmen, ein Buch lesen, oder einfach auch nichts tun – aber bestimmt nicht warten und bangen!!!

Lass keinen Tag deines Lebens vergehen,
ohne deine Träume genährt,
ohne die Schönheit einfacher Dinge bemerkt und
ohne etwas Neues gelernt zu haben.
(Sergio Bambaren)

Am kommenden Tag brachte Helen die Kinder zurück nach *Hilo*. Ihre Tochter hatte sich wohl mit den Schwiegereltern zusammengetan, und gemeinsam hatte man dem Ehemann ins Gewissen geredet. Ob das Unterfangen zum Erfolg führte, war mir nicht bekannt. Ich blieb jedenfalls zurück, um allein im Pool zu schwimmen, und machte anschließend noch einen ausgiebigen Strandspaziergang.

Meinen letzten Ferientag auf Hawaii verbrachten Helen und ich gemeinsam im *Hilton Beach Resort*. Wir machten eine herrliche Bootsrundfahrt auf einem Wasserlauf, der quer durchs ganze Resort führte, schauten uns den Wasserpark an und waren dabei, als die Delfine gefüttert wurden. Zum Lunch setzten wir uns in den Außenbereich eines Restaurants und genossen unsere Mahlzeit bei einem umwerfenden Blick über die Bucht hinaus aufs offene Meer. Ein wirklich zauberhafter Ort. Immer wieder klatschten die Wellen ans Ufer, die Gischt spritzte auf, und wir wurden direkt oberhalb dieser gigantischen Kulisse kulinarisch aufs Beste versorgt.

Helen hatte auch hier schon gearbeitet und wusste zu erzählen, dass die Angestellten im Reisebüro einen besonders schweren Stand hatten. Sie mussten einen gewissen Mindestumsatz erbringen, ansonsten wurden sie zum Monatsende wieder gekündigt. Da sie aber keinen direkten Einfluss auf die Anzahl der Interessenten hatten, lebten sie in ständiger Ungewissheit, ob sie im nächsten Monat überhaupt noch einen Job hatten. Da half dann auch das grandiose Ambiente nicht wirklich weiter.

Am späten Nachmittag brachte sie mich zum Flugplatz. Helen und ich verabschiedeten uns herzlich. Sie sagte, ich hätte ihr nicht nur mit der Stromrechnung aus einer Misere geholfen, sondern sie habe auch von mir gelernt. Ich hätte sie daran erinnert, dass sie hier in einem wahrhaften Paradies wohne, und dem wolle sie künftig Tribut zollen. Vielleicht lade sie schon bald alle ihre Kinder für einen Tag in den Wasserpark ein, einfach um das Leben gemeinsam zu genießen. Und sie wolle künftig öfters mal bewusst ihre Mittagspause am Strand verbringen und nicht wie sonst ohne Pause zwischen zwei Jobs und Hausarbeit pendeln, ohne zu verschnaufen. Das freute mich ganz besonders. Ja, immerhin war ich 10 000 Meilen weit gereist, fast dreißig Stunden unterwegs gewesen, um hier am Meer sein zu dürfen, während sie diesen Luxus jeden Tag hatte, aber sich nie die Zeit nahm, sich auch mal bewusst daran zu erfreuen.

Der Flughafen von *Kona* war klein und somit sehr übersichtlich, und weil Helen sich auch hier bestens auskannte, war ich die Allererste, die am Schalter stand. Allerdings sollte der erst in gut einer Stunde öffnen. Da ich aber kein Flugticket hatte und noch nicht einmal die genauen Abflugzeiten kannte, wollte ich kein Risiko eingehen und wartete tapfer. Nach etwa dreißig Minuten bildete sich hinter mir dann auch schon eine Schlange, und ich wurde langsam nervös, weil von meinen ursprünglichen Reisebegleitern noch nichts zu sehen war. Ich ermahnte mich zur Ruhe, schließlich war Bianca meist diejenige, die in allerletzter Minute seelenruhig dahergeschlendert kam, wenn wir in der Vergangenheit gemeinsam etwas unternommen hatten.

So ähnlich war es auch heute, nur dass Bianca alles andere als seelenruhig war, sondern komplett durch den Wind.

Zunächst einmal sah ich „unseren" SUV vor dem Flughafengebäude, dann war er auch schon wieder weg. Vermutlich mussten erst noch die unzähligen Gepäckstücke am Schalter abgeladen werden, bevor der Mietwagen zurückgegeben werden konnte.

Dann sah ich in beliebiger Reihenfolge immer wieder mal Bianca, Max und zuletzt auch Roland irgendwo draußen vor dem Schaltergebäude. Nun denn, immerhin waren sie am gleichen Tag hier wie ich.

Urplötzlich stand Roland neben mir und fragte: „Hast du überhaupt eine Bordkarte?" Ich erwiderte: „Nein." Ich hatte weder Bordkarte noch einen Flugplan. „Na, dann ist es ja gut, dass ich den Boarding Pass für dich ausgedruckt habe", meinte er nur, lief zurück ans Ende der Schlange, wo Bianca und Max zwischen Bergen von Koffern, Taschen und Golfgepäck standen, und begann umständlich zwischen einem Stapel Papiere zu blättern. Dabei fielen die meisten davon herunter, und Bianca schickte sich an, diese vom Boden aufzusammeln. Ich ließ meine Koffer stehen und ging zu ihnen nach hinten, um mein Ticket an mich zu nehmen. „Tja, siehst du mal, Karla, da macht der Roland sich solche Mühe für dich!", säuselte Bianca. In dem Moment beobachtete ich, wie das Pärchen, welches hinter mir in der Schlange gestanden hatte, meinen Platz einnehmen wollte, indem sie mit den Füßen mein Gepäck zur Seite schoben. Das war zu viel für meine angespannten Nerven, und anstatt Bianca eine passende Antwort zu geben, brüllte ich diese beiden Menschen in einer

Lautstärke an, dass ich über mich selber erschrak! „Hey there, back off! I've been waiting in line for the last fifty minutes now and I will proceed as soon as the counter opens up!" Die beiden zuckten ertappt zusammen und gingen tatsächlich wieder zurück auf den zweiten Platz in der Warteschlange.

Endlich hatte Roland gefunden, was er suchte, und hielt mir ein Blatt Papier hin. Ich nahm es an mich und marschierte ohne ein weiteres Wort wieder zu meinem Gepäck zurück. Da öffnete dann auch schon der Schalter, und ich war tatsächlich als Erste an der Reihe. Ich ermahnte mich selbst zur Ruhe und sagte so freundlich wie möglich: „I am flying back to San Francisco, Madam." „No, you don't. You are on your way to Atlanta", war die Antwort, und mit einem knappen Nicken gestattete mir die Frau am Schalter, zum Gate durchzugehen. Fassungslos warf ich im Weitergehen Bianca einen Blick über die Schulter zu. Was war hier los?

Da hatte Roland doch beim Buchen noch kurz eigenmächtig die Route geändert, sodass wir über Atlanta und Toronto zurück nach München flogen, ohne es für nötig zu erachten, mir diese Information weiterzuleiten. Alles, was er mir per E-Mail geschickt hatte, war der Betrag und die Kontonummer, auf welche ich meine anteiligen Kosten an der Reise überweisen sollte. Also hatte mich beim Hinflug mein Gefühl nicht getäuscht: Roland brauchte die Macht. Ganz offensichtlich hatten sich die beiden mehr oder weniger freiwillig in einen unheilvollen Kreislauf manövriert. Ja, Bianca hatte alles aufgegeben und sich ganz in ihre neue Beziehung eingebracht. Aber gleichzeitig war es auch ihre freie Entscheidung gewesen, nicht mehr zu arbeiten und sich damit vollkommen von Roland abhängig zu machen. Nun benahm sie sich wie ein verwöhntes Kind, das von Roland über die Maßen mit Luxusgütern überschüttet wurde, war aber gleichzeitig voller Wut über ihre eigene Machtlosigkeit. Sie war intelligent genug, um zu erkennen, dass sie ihm damit die Kontrolle überlassen hatte, kam aber aus der Nummer nicht mehr heraus und ließ deshalb keine Gelegenheit aus, ihn verbal fertigzumachen.

Und Roland hatte zwar die Kontrolle, musste dafür aber auch alle Ausgaben allein bestreiten, weshalb er einen Groll hegte auf seine Luxusfrau, die er wohl aushalten durfte, der er jedoch trotzdem nie etwas recht machen konnte und die ihn dafür ständig mit Worten attackierte. So einfach.

Bei den ersten beiden Flügen hatte ich Glück, und Max saß neben mir, während Roland und Bianca viel weiter hinten in der Maschine platziert waren. Wir erzählten uns gegenseitig, was wir in den letzten beiden Woche noch erlebt hatten und dösten die restliche Zeit entspannt vor uns hin. Bei den Zwischenlandungen stieg ich jeweils aus und lief dann direkt weiter zum nächsten Gate, während Max auf seine Mutter und deren Begleiter wartete. Bei jedem Stopp musste Bianca zum Essen in ein Restaurant einkehren, weil „den Fraß im Flugzeug ja keiner essen kann!", wie sie immer wieder keifend verkündete. Ich hatte meinen Spaß daran, diese Frau zu beobachten, wie sie einen stoisch wirkenden Roland durch das Selbstbedienungslokal zu hetzen versuchte, um ihre Bestellungen so perfekt wie möglich auszuführen, und erkannte meine Freundin, die früher tagelang ohne feste Nahrung ausgekommen war, fast nicht wieder.

Ab Toronto saß dann doch noch Roland neben mir. Als das Flugzeug seine Reisehöhe erreicht hatte, fragte er mich: „Magst du Rotwein?" „Nein, nicht um diese Uhrzeit", entgegnete ich. „Schade, das wäre jetzt meine Einladung gewesen", meinte er und bestellte sich ein Fläschchen. Das hätte mir noch gefehlt! In schöner Eintracht mit Roland Rotwein trinken zum krönenden Abschluss unserer gemeinsamen Reise.

Aber er sah das offensichtlich anders und versuchte immer wieder eine belanglose Konversation zu führen. Ich antwortete einsilbig, was ihn aber nicht weiter störte. Warum um alles in der Welt hatte ich nicht den Mumm, ihm hier und jetzt meine Meinung zu sagen? Die nächsten paar Stunden würden wir ohnehin nebeneinandersitzen, also die perfekte Gelegenheit! Aber ich schaffte es nicht und starrte stattdessen zum Fenster hinaus. Dabei wusste ich genau, dass ich mir damit nur selber den Tag versaute, während er munter vor sich hinlebte.

Am Flughafen in München wurden die drei von Rolands Sohn abgeholt, und ich war total erleichtert, dass ich direkt zum Zug gehen konnte und auf meiner Heimreise nicht weiter von den anderen abhängig war. Sobald ich meinen Koffer vom Band genommen hatte, reichte ich den dreien die Hand zum Abschied und wünschte ihnen alles Gute. Sie hatten sich derweil erneut in den Haaren, weil einer der unzähligen Koffer nicht angekommen war und nahmen von meinem Abschied kaum Notiz.

Die Bahnreise zurück nach Hause verlief ruhig und ohne besondere Vorkommnisse. Ich saß zwar teilweise mit meinem Gepäck nur im Gang statt im Abteil, aber darauf kam es jetzt auch nicht mehr an.

Freunde treten in dein Leben
und verlassen dich wieder nach einiger Zeit.
Sie nehmen an deinem Leben teil, werden zu wahren Freunden
und hinterlassen wunderschöne Spuren im Sand.
(Sergio Bambaren)

Fazit

Was war nun eigentlich alles auf Hawaii passiert und was habe ich daraus gelernt?

Ich wurde durch einen Engel zu Fall gebracht und im gleichen Maße ist eine langjährige Freundschaft zerbrochen. Das sollte mich aufrütteln und zwingen, genauer hinzusehen. Doch anstatt mich einer Kontroverse zu stellen, war ich vor der Auseinandersetzung lieber weg gelaufen, nur um gleich wieder in neuen Situationen zwischen die Fronten zu geraten. Hier konnte ich plötzlich ein ganz klares Muster erkennen, was mir nun die Chance bot, dieses zu durchbrechen.

Aber auch wenn ich das nicht gleich geschafft hatte, ist bereits das Erkennen eines solchen Musters ein Fortschritt, weil daraus ein neues Bewusstsein entsteht. Was ich schlussendlich aus dieser Erkenntnis mache, ist noch mal eine ganz andere Geschichte.

Dr. Barbara De Angelis sagt, es braucht nicht viel, um ein Muster zu durchbrechen. Es muss nicht jedes Mal gleich der

Mount Everest bestiegen werden. Der Schlüssel liegt wie so oft schon in den kleinen Dingen. Statt den rechten, einfach mal zuerst den linken Schuh anziehen. Statt jeden Morgen die gleiche Route zur Arbeit zu fahren, einfach mal abbiegen und einen anderen Streckenverlauf einschlagen. Statt dem ewig gleichen Frühstücksbrötchen eine andere Sorte Brot wählen, den Kaffee gegen einen Tee tauschen … Schon solche Kleinigkeiten können Veränderungen sein, die Muster durchbrechen. Muster, die uns nicht mehr dienlich sind. Und selbst, wenn wir nicht direkt etwas verändern, hilft uns allein schon das Bewusstmachen solcher Muster aus der Stagnation heraus, was zu neuer Entfaltung führen kann. Es bleibt in jedem Falle spannend.

Quellenangaben:
Belinda Davidson, www.belindadavidson.com
Doreen Virtue, www.angeltherapy.com
Dr. Barbara De Angelis, www.barbaradeangelis.com
Jeanne Ruland, www.shantila.de
Louise L. Hay, www.louisehay.com

Karla Weller

Diagnose Herzinfarkt

ISBN 978-3-95840-171-6
198 Seiten

Gerd wird durch einen Herzinfarkt abrupt aus seinem Leben auf der Überholspur gerissen. Nun heißt sein Credo nicht mehr „schneller, höher, weiter"; stattdessen ist er vollständig auf fremde Hilfe angewiesen. Vor ihm und seiner Familie liegt ein langer, steiniger Weg …